Angst oder *Liebe?*
Sie haben die Wahl!

Jackie Bergman

Die Originalausgabe erschien unter dem Titel:
Fear or Love? You Choose!
Copyright der Originalausgabe:
© 2009 Jackie Bergman

© Copyright 2011:
Börsenmedien AG, Kulmbach

Gestaltung und Satz: Johanna Wack, Börsenmedien AG
Übersetzung: Birgit Irgang
Lektorat: Hildegard Brendel
Druck: Freiburger Graphische Betriebe GmbH & Co. KG

ISBN 978-3-941493-70-4

Alle Rechte der Verbreitung, auch die des auszugsweisen Nachdrucks,
der fotomechanischen Wiedergabe und der Verwertung durch Datenbanken
oder ähnliche Einrichtungen vorbehalten.

Bibliografische Information der Deutschen Nationalbibliothek:
Die Deutsche Nationalbibliothek verzeichnet diese Publikation in der
Deutschen Nationalbibliografie; detaillierte bibliografische Daten
sind im Internet über <http://dnb.d-nb.de> abrufbar.

Postfach 1449 • 95305 Kulmbach
Tel: 0 92 21-90 51-0 • Fax: 0 92 21-90 51-44 44
E-Mail: buecher@boersenmedien.de
www.books4success.de

Für meine Tochter Jenny

*Wir leben, um lieben zu lernen.
Wir lieben, um leben zu lernen.
Das ist alles, was wir lernen müssen!*

Inhalt

Vorwort   07

Wählen Sie Ihre Zukunft   8
Ihr emotionaler Motor   32
Angst   42
Liebe   66
Das innere Wachstum   88
Ihre äußere Erscheinung   112
Ein neuer Abschnitt   144

Einige Schlüsselbegriffe   158
Zur weiteren Lektüre   166
„Einladung" von Oriah   168
Ich danke …   172

Vorwort

Durch dieses Buch möchte ich meinen Anteil zu unser aller Suche nach einem guten Leben beitragen. Was ich zu beschreiben versuche, ist unendlich viel größer als das, was ich zu sehen oder zu erklären imstande bin. Dennoch hoffe ich, Sie ermutigen zu können, Liebe zum Ausdruck zu bringen, auf Ihre ganz eigene Art. Um Ihrer selbst willen und zum Wohle der Welt.

Jackie Bergman

Wählen Sie Ihre Zukunft

Was möchten Sie erreichen

Wir wünschen uns alle ein gutes Leben. Das gute Leben von morgen wird sich zwangsläufig von dem heutigen guten Leben unterscheiden. Wir können erreichen, was wir wollen – wenn wir bewusst leben.

Stellen Sie sich eine Gesellschaft vor, in der jeder sein ganzes Potential entfalten kann. In der wir einander helfen, so perfekt zu sein, wie unser Leben es zulässt. In der wir zu schätzen wissen, was wir haben, und wissen, dass wir alle vorankommen.

Möglicherweise denken Sie nun: Die Dinge sind, wie sie sind – da kann man wenig machen. Dann gestatten Sie mir eine Frage: Was meinen Sie, wie die Gesellschaft aussähe, wenn einige Menschen mehr hingenommen hätten, was offenbar zu funktionieren schien? Wir alle wissen, wie die Welt einst aussah: Diebesbanden zogen durch das Land; es herrschte zügellose Trunkenheit – viel schlimmer als heute; Gewalt und Mord kamen zehnmal häufiger vor, auch gegen Frauen und Kinder. Natürlich liegt es an uns allen, die Gesellschaft zu verändern! Doch was können Einzelne wie Sie und ich tun, um die Lage der Dinge zu beeinflussen? Was kann man mehr von uns erwarten, als dass wir die Regeln der Gesellschaft einhalten und bei den

Wahlen unsere Stimme abgeben? Gibt es etwas, das uns davon abhält, den Schritt zu gehen, den wir gehen möchten, und von dem wir wissen, dass wir ihn gehen sollten?

Die Menschheit stellt immer wieder unter Beweis, dass sie nicht nur in der Lage ist zu zerstören, sondern auch eine gleichwertige, wenn nicht sogar größere Fähigkeit hat, etwas zu erschaffen und Wunder zu vollbringen. Es ist nur so, dass Letztere etwas länger brauchen.

> *Ob du denkst, du kannst es, oder nicht: Du wirst in der Regel recht behalten!*
> **Henry Ford**

Einst waren wir in der Lage, mit einem riesigen Ungleichgewicht zwischen Arm und Reich zu leben. Doch der Zugang zu Informationen über die wirtschaftliche, soziale und politische Situation trägt in hohem Maße zu wachsender Transparenz in allen Gesellschaften bei. Die stetig wachsende Belastung, die wir für die Erde darstellen, und unser Bewusstsein für den Ernst der Lage werden uns höchstwahrscheinlich zu Veränderungen zwingen. Dank der Globalisierung wird es für die Menschen immer schwieriger, den Teil der Welt, in dem sie leben, isoliert zu betrachten. Wenn wir nicht in einem andauernden Zustand der Feindseligkeit und des Kriegs leben wollen, der die Kapazitäten unseres Planeten noch weiter in Mitleidenschaft zieht, sollten wir unseren Lebensstil und unsere Ideale ändern – und zwar jetzt! Es gibt auch ein wachsendes Bewusstsein dafür, inwiefern unsere persönlichen Beziehungen uns beeinflussen, und dass es im Allgemeinen nicht gut ist, vor der

Realität die Augen zu verschließen. Auf verschiedenen Ebenen haben wir gelernt, dass andere sich gut fühlen, wenn ich mich gut fühle. Wenn es Ihnen nicht gut geht, stehen meine Chancen, dass es mir gut geht ... nicht so gut.

Leider gibt es keine detaillierte Anleitung mit Erfolgsgarantie – weder in unserem Privatleben noch im größeren Zusammenhang. Es gibt viele Probleme, von denen wir entweder nicht wissen, wie wir mit ihnen umgehen sollen, oder für die wir völlig verschiedene Lösungsansätze haben. Und in demselben Maße, wie die Komplexität unserer Gesellschaft zunimmt, nimmt unsere Möglichkeit ab, das große Ganze zu verstehen und eine vorhersagbare Zukunft zu haben. Folglich steigt unser Bedürfnis nach einer zweckmäßigen Kultur und Prinzipien, an denen sich unsere Gehversuche in Richtung Zukunft orientieren können. Wir müssen ausprobieren, verwerfen, annehmen, neu bewerten ... und so weiter.

Vielleicht sind die nötigen Veränderungen am Ende doch nicht ganz so radikal. Möglicherweise sind das Wissen und die Verhaltensmuster in greifbarer Nähe. Die Kräfte, welche das Gute in unserer heutigen Welt erreicht haben, werden sich nicht grundlegend geirrt haben. Was wäre, wenn man sich lediglich seiner selbst stärker bewusst sein müsste? Und wenn dieses Bewusstsein uns über die ungerechtfertigten Ängste hinweghelfen könnte, die uns blockieren?

> *Nur glückliche Menschen können eine glückliche Welt erschaffen.*
> Sri Bhaghawan

Dieses Buch beschreibt einen einfachen, erprobten und bewährten Ansatz. Einfach im Sinne von unkompliziert. Und dennoch so anspruchsvoll, dass er Ihnen Ihr ganzes Können abverlangen wird. Allerdings sind die Menschen normalerweise der Ansicht, dass sie nicht mehr aufhören können, sobald sie einmal damit angefangen haben. Das ist die einzige Herausforderung, der Sie sich stellen müssen. Der Rest ergibt sich dann ganz von allein.

Die Botschaft mag naiv und zu vereinfacht klingen, aber Sie werden sicher die offensichtlichen Verbindungen zu den guten Seiten des Lebens erkennen, das Sie bereits führen. Sie ist eine radikale Umsetzung der Prinzipien, von denen Sie bereits wissen, dass Sie mit ihrer Hilfe das Leben erreichen können, von dem Sie träumen.

Ein allgemeingültiger Kompass

Ich habe einen Kompass getestet, und er funktioniert. Er zeigt uns den richtigen Weg, findet Wahrheiten und erfüllt unsere Wünsche.

Vor über 30 Jahren fuhr ich eines Tages mit meinem Auto zur Arbeit und hörte dabei eine Radiosendung, die ziemlich dumm zu sein schien. Im Jahr zuvor hatte ich meinen Master-Abschluss gemacht, und so hielt ich mich für einen jungen Senkrechtstarter. Doch durch die Radiosendung fühlte ich mich vor den Kopf gestoßen. Da behauptete jemand allen Ernstes, dass wir Menschen nur zwei

Grund-Gefühle kennen: Angst und Liebe. Alle anderen Emotionen könnten auf das eine oder andere der beiden Gefühle zurückgeführt werden. Ich fühlte mich erniedrigt und wollte nicht hören, dass meine Persönlichkeit so beschränkt und schlicht sein sollte!

Trotzdem konnte ich das, was ich gehört hatte, nicht vergessen und versuchte schon bald herauszufinden, was mich steuerte – insbesondere in schwierigen Situationen. Zu meiner Überraschung erkannte ich fast auf Anhieb, dass die Behauptung richtig zu sein schien. Allmählich durchschaute ich die Gründe für mein Verhalten. Ich stellte fest, dass es mir leichter fiel, meine Kollegen und Vorgesetzten zu verstehen. Mein Leben wurde einfacher, da mir nun klar war, wann ich mutig war und wann feige.

Schon als Student am Stockholmer Royal Institute of Technology habe ich ein Interesse für die Umwelt entwickelt, das mich bei allen meinen Tätigkeiten als Projektmanager stets geleitet hat. In meiner Funktion als Techniker war es nicht immer so leicht, für Ideale einzutreten, die als Belastung für die Wirtschaft empfunden wurden und häufig als reaktionär galten. Dank meiner Kenntnis über emotionale Beweggründe war ich in der Lage, Scharfsinn und die Stärke zu entwickeln, mich für meine Überzeugungen einzusetzen. Es geht darum, den Mut aufzubringen, um die Wahrheit zu sehen und zu handeln – auch wenn es mal schwierig wird. Wenn Sie sich so verhalten, müssen Sie am Schluss keine ethischen Fragen definieren: Sie sind bereits ein integraler Bestandteil des Prozesses.

Im Laufe der Jahre hatte ich einige umfangreiche und schwierige Aufgaben zu erfüllen. Ich habe in Schweden und im Ausland für Energieversorgungsanlagen zum Heizen oder Kühlen und für Gaskraftwerke gearbeitet. Es gab zahlreiche mögliche Entschuldigungen, um weder den Zeitplan noch das Budget einzuhalten. Hätte es diese Radiosendung nicht gegeben, hätte ich wohl viele dieser Projekte nicht vollendet. Und natürlich ist mein Privatleben ebenfalls in vielerlei Hinsicht einfacher geworden.

Im Laufe der letzten 20 Jahre habe ich Kurse in Menschenführung, Psychologie und Philosophie belegt. Alles, was ich dabei gelernt und ausprobiert habe, kann in dem Prinzip zusammengefasst werden, wie Angst und Liebe sich in unserem täglichen Leben manifestieren. Dies beeinträchtigt in keiner Weise die Nützlichkeit oder Wahrheit aller anderen Bücher, die sich mit ähnlichen Themen auseinandersetzen; für mich ist jedoch dieses Prinzip einer der Grundpfeiler, auf denen alles andere aufbaut. Es ist ein Kompass, der uns den Weg zeigt und unsere Erfahrungen beeinflusst.

Zurechtkommen und die Wahrheit finden

Wir müssen uns zurechtfinden und voneinander lernen. Wenn wir in der Lage sind, unser Leben aus einer neuen Perspektive zu betrachten, werden wir uns als Menschen weiterentwickeln.

Wir sind bereits mit der Kraft ausgestattet, Wunder zu vollbringen. Und wir haben schon jetzt einen Großteil der Information, die nötig ist, um vernünftige Entscheidungen zu treffen. Darin liegt die Schlichtheit der Herausforderung. Doch irgendetwas hält uns davon ab, all diese Energie und Leistungsfähigkeit einzusetzen.

Der Weg, den ich vorschlage, wird Sie zurückführen, tief in Sie selbst hinein. Er wird Ihnen helfen, wieder eine Verbindung zu Ihren wesentlichen Bedürfnissen herzustellen. Von da aus werden Sie deutlicher sehen, was Sie wirklich brauchen und wie Sie dorthin gelangen. Sie wissen bereits, dass das Leben Zwängen unterworfen ist. Wenn Sie es bislang noch nicht gesehen haben, werden Sie nun klar erkennen, dass das Leben auch endlose Möglichkeiten bietet. Sie werden in der Lage sein, auf direkterem Weg zu Ihren wahren Zielen zu gelangen, und nicht länger nach den Symbolen eines guten Lebens suchen. Mit Symbolen meine ich die Verlockungen, die andere uns entgegenstrecken. Gewiss: Es gibt eine schier unendliche Fülle von Aktivitäten und zahllose Dinge, die man kaufen kann. Und noch immer scheint es nicht genug zu sein. Wir werden unentwegt mit neuen Behauptungen konfrontiert, etwas Bestimmtes zu brauchen, um glücklich sein zu können. Doch wir sollten dafür sorgen, dass wir glücklich sind, bevor wir darauf eingehen.

Alles, was wir zur Befriedigung unserer Grundbedürfnisse brauchen, liefert uns die Erde. Doch die Erde kann eine zügellose Wirtschaft nicht aushalten. Wir leben in der Illusion, dass alles so bleiben muss, wie es ist, dass nichts, was geschieht, aufgehalten oder auch nur verändert werden kann. Doch früher oder später werden materielle Einschränkungen den Prozess stoppen. Es wird Zeit für die Wissenschaftler, ihre eigenen Behauptungen ernst zu nehmen!

Wann auch immer das heutige exponentielle Wachstum aufgehalten wird: Wir müssen deutlich mehr Fantasie aufbringen, wenn wir die Bedingungen festlegen und schaffen, die erforderlich sind, um den Erhalt des Lebens auf dieser Erde zu sichern. Die Alternativen sind entweder die Intensivierung unserer Kriegsaktivitäten, um uns gegenseitig zu töten, oder die Stärkung unseres Mutes, zusammenzuleben. Die Kreativität und der Mut, von denen ich spreche, gibt es bereits: Wir müssen lediglich klarer sehen und radikaler handeln. Das können wir tun, indem wir die reale Welt eingehender untersuchen und unsere verschiedenen Perspektiven und Kenntnisse zusammenfügen. Erst dann werden wir nicht mehr versuchen, einander mit unseren eigenen Meinungen und Argumenten fertigzumachen.

Dabei geht es darum, sowohl mehr als auch weniger zu tun. Sie müssen mehr Sie selbst sein und den Mut haben, der Welt Ihr Talent zu schenken. All das wissen Sie bereits, tief in Ihrem Inneren. Sie müssen sich lediglich daran erinnern und den Mut aufbringen zu sehen. Der Rest geschieht dann ganz von selbst.

Der größte gemeinsame Nenner
Die Zukunft ist die Summe aus Ihnen und mir.

New York zählt zu meinen absoluten Lieblingsstädten. Das schlechteste und das beste Leben sind hier unmittelbar nebeneinander zu finden. Die Kultur ist herrlich! Hier entstand der Salsa, der mich in den 1970er-Jahren fesselte und inzwischen eine enge Verbindung zwischen meiner Tochter und mir herstellt. Er wurde darüber hinaus zu einer Linse, durch die wir beide die Welt betrachten und verstehen können, wie wir durch die Kombination unserer Kulturen zusammenarbeiten. Es ist eine inspirierende Tatsache, dass es Menschen gelungen ist, in der Karibik Musik aus Asien mit europäischen Einflüssen und afrikanischer Musik zu kreuzen und dann mit Jazz zu mischen – mit all den unterschiedlichen historischen Ursprüngen. Das Ergebnis ist eine komplexe Mischung aus Rhythmen und Tanzschritten, die noch immer die typischen Elemente der verschiedenen Quellen bewahrt.

Unsere Kooperation formt nach und nach die Zukunft. Welches Erfolgsrezept können wir infolgedessen finden?

Hier folgt ein Auszug aus Rückkehr zur Liebe von Marianne Williamson:

Unsere tiefste Angst

Unsere tiefste Angst ist nicht,
ungenügend zu sein.
Unsere tiefste Angst ist, über alle Maßen kraftvoll zu sein.
Es ist unser Licht, nicht unsere Dunkelheit,
was wir am meisten fürchten.
Wir fragen uns: „Wer bin ich denn,
zu glauben, dass ich brillant,
großartig, begabt und einzigartig bin?"
Aber genau darum geht es,
warum solltest Du es nicht sein?
Du bist ein Kind Gottes.
Dich klein zu machen nützt der Welt nicht.
Es zeugt nicht von Erleuchtung, sich zurückzunehmen,
nur damit sich andere Menschen um dich herum
nicht verunsichert fühlen.
Wir alle sind aufgefordert, zu leuchten wie die Kinder.
Wir wurden geboren, um die Herrlichkeit Gottes,
die in uns liegt, auf die Welt zu bringen.
Sie ist nicht in einigen von uns,
sie ist in jedem.
Und indem wir unser Licht leuchten lassen,
geben wir anderen Menschen unbewusst die Erlaubnis,
das Gleiche zu tun.

Wenn wir von unserer Angst befreit sind, werden andere automatisch in unserer Gegenwart befreit.

Wenn wir Liebe zum Ausdruck bringen, werden andere dasselbe tun! Nelson Mandela machte diesen Text 1994 durch die Rede zu seiner Amtseinführung berühmt. Er ruft dazu auf, die falsche Bescheidenheit abzulegen, die sich auf Angst zurückführen lässt. Die Verwirklichung der Initiative, dieses Buch zu schreiben, ist eine solche Entscheidung.

Es gibt keine absolute Wahrheit
Rationalismus ist nützlich, doch er reicht nicht aus.
Wir leben in einem Mysterium.

Wenn wir Wahrheiten aus einer historischen Perspektive betrachten, werden wir feststellen, dass nur wenige von ihnen nicht korrigiert werden mussten. Entweder haben sie ein Mindesthaltbarkeitsdatum oder es gibt neue Erkenntnisse, die Veränderungen mit sich bringen. Das ist ein ganz logischer Vorgang: So ist es beispielsweise logisch, dass ein politisches System, welches das Problem der ungleichen Verteilung lösen kann, schließlich neue Probleme mit sich bringt, die möglicherweise mit einer gegensätzlichen Politik lösbar sind. Das gilt für alle Systeme und sogar für die Wissenschaft. Am Ende ist nichts so, wie es zunächst scheint. Das Entwicklungspendel schwingt zwischen Extremen, die schwer vorhersagbar sind. Und unsere eigene Vorstellung von der Welt folgt den Bewegungen dieses Pendels und beeinflusst diese.

Die moderne Wissenschaft machte im 17. Jahrhundert in Europa die ersten Fortschritte, als die bis zu diesem Zeitpunkt unteilbare Verantwortung für Staat, Wissenschaft und Religion aufgespalten wurde. Wir haben gelernt, zwischen Glauben und Wissen oder Subjekt und Objekt zu unterscheiden. Davor besagte das erworbene Wissen, dass die intern wahrgenommene Realität und die externe Realität ein einheitliches, fortdauerndes Ganzes bildeten. Die Teilung zwischen der inneren Subjektivität und der äußeren Objektivität sowie die Freiheit der vorurteilsfreien Forschung haben uns unter anderem gelehrt, die inneren Strukturen der Materie und des Lebens zu sehen. Daraus folgte eine großartige Erkenntnis, der sich die Menschheit noch nie zuvor hatte annähern können. Deshalb denken wir gerne, dass die meisten Geheimnisse bereits durch objektive Wissenschaft gelüftet sind und der Rest bald folgen wird. Wir werden vom Traum des „rationalen Paradieses" getäuscht. Da wir die Fähigkeit zu haben scheinen, die Wirklichkeit problemlos zu verstehen und zu manipulieren, sind wir der Meinung, dass die subjektive Glückserfahrung erreicht wird, sobald die Dinge die richtige Form angenommen haben. Doch zunächst einmal hängt das Glück oder das Fehlen von Glück eigentlich nicht von der Situation selbst ab, sondern eher von der Art, wie wir sie interpretieren. In späteren Kapiteln dieses Buches wird es darum gehen, wie das Glück in unserem Inneren seinen Anfang nimmt.

Wir sollten in der Lage sein, die Wahrheit auf der Grundlage wissenschaftlicher Beschreibungen beispielsweise über den Aufbau der Materie zu sehen. Doch schon bald erkennen wir, dass Quantenphysiker sich über die Eigenschaften der kleinsten subatomaren Partikel nicht einig sind. Es gibt mindestens sieben verschiedene Erklärungsmodelle. Und selbst wenn es uns möglich wäre, eine allgemeingültige Definition der fundamentalen Strukturkomponenten der Materie zu finden, indem wir sagen, dass sie aus positiven und negativen Ladungen bestehen, bleibt die Frage, wie sie stabil bleiben und warum sie sich nicht gegenseitig aufheben. Trotz unserer Unkenntnis hinsichtlich der fundamentalen Gegebenheiten können wir Modelle erstellen, die uns recht nützlich sind, sofern die kontextuellen Parameter hinreichend klar definiert sind. Allerdings dürfen diese Modelle nicht mit der Wahrheit oder Wirklichkeit verwechselt werden. Wir befinden uns tatsächlich noch auf demselben Niveau wie vor Kopernikus. Zugegeben: Die Welt ist keine Scheibe mehr; doch die Antworten für die ganz großen Fragen liegen noch immer in weiter Ferne.

> **Die Wirklichkeit ist kein Ort, an dem wir uns befinden, sondern eine Idee, die wir hegen.**
>
> L. O. LANDIN, KREAPRENÖR

In letzter Zeit sind viele Bücher veröffentlicht worden, in denen die unbegreifliche Komplexität des Lebens beschrieben wird. Gelehrte meinen, je mehr wir erfahren, desto größer wird das Mysterium. Jede neue Antwort wirft weitere Fragen auf – beispielsweise wie das Leben eigentlich funktioniert oder wie es entstanden ist. Der Ursprung des Lebens ist und bleibt ein großes Rätsel.

Ich habe einmal im Naturkundemuseum in Stockholm eine Ausstellung über das menschliche Gehirn besucht. Das Ziel der Ausstellung schien zu sein, dem Besucher zu vermitteln, dass wir fast alles darüber wissen, wie das Gehirn funktioniert. Allerdings wurde kein einziges Wort den faszinierenden Geheimnissen der Innenansicht gewidmet – also zum Beispiel den Fragen:

- Wie sehen Gedanken aus? (Wir wissen lediglich, dass bestimmte Wahrnehmungen bestimmte Bereiche des Gehirns aktivieren.)

- Wie werden Informationen im Hirn und in anderen Bereichen des Körpers gespeichert?

- Was ist das Bewusstsein? (Das Bewusstsein ist der Teil der Persönlichkeit, der beobachtet, was wir denken und fühlen. Wir wissen weder, was es ist, noch wo es sich befindet.)

- Wie kann das Bewusstsein mit Materie interagieren? (Dafür gibt es eindeutige Beweise.)

Wie können Gefühle chemische Substanzen im Körper erzeugen? Und wie kann eine normale Zelle rund 5.000 Sinneseindrücke pro Sekunde verarbeiten?

Es ist gut, dass Museen all die fantastischen Fortschritte präsentieren, welche die Wissenschaft macht. Nur die oberflächlichen Antworten auf die großen Fragen zu vermitteln, stumpft allerdings das Gehirn ab und schränkt das Bild vom Menschen zu einer reinen Ansammlung von Dingen ein – obwohl wir doch geheimnisvolle Wesen mit zahllosen Gedanken und Gefühle sind. Es ist nicht möglich, die subjektive Realität mit traditionellen, objektiven Methoden zu untersuchen. Mehr dazu lesen Sie in Kapitel 7.

Alles, was Sie sehen, ist wahr
Es ist, wie es ist – es gibt keinen anderen Weg.
Haben Sie den Mut, das zu erkennen!

Alles, was man ganz oder teilweise abstreitet, kann nicht verändert werden. Bevor wir die Realität nicht gesehen, verstanden und akzeptiert haben, wie sie ist, können wir sie nicht bewusst beeinflussen. Auch die Wirklichkeit anderer Menschen zu sehen, verbessert unser Potential zu erschaffen, was wir uns wünschen. Vor einigen Jahren besuchte ich einen recht heruntergekommenen Nachtclub in der kubanischen Hauptstadt Havanna. Dieser Abend wurde zu einer Übung für die Kombination unterschiedlicher

Perspektiven: Durch die Aussöhnung einiger bis zu diesem Zeitpunkt nicht miteinander vereinbarer Wahrheiten entstand eine neue Wahrheit. Meine Mutter, meine Tochter, ein örtlicher Conga-Lehrer und ich sahen uns eine traditionelle afro-kubanische Tanzaufführung an. Die Tänze stellten die verschiedenen Götter der zentralafrikanischen Yoruba-Kultur dar; und da die Sklavenhalter früher diese Religion verboten hatten, waren die Götter als katholische Heilige verkleidet. Von uns abgesehen, waren die Zuschauer Kubaner und größtenteils junge Männer, die nach der aktuellen amerikanischen Straßenmode gekleidet waren. Auf der Bühne befand sich ein einzelner Mann, der ein Solostück auf traditionellen Batá-Trommeln vortrug. Vor ihm standen auf der Tanzfläche eine brennende Kerze und eine afrikanische Götzenfigur, die aus einer Kokosnuss geschnitzt war. Der Nachtclub hieß Las Vegas – und das in Fidel Castros Kuba! Die meisten Menschen begannen zu tanzen, waren körperlich und geistig ganz vertieft. Der Trommler geriet ins Schwitzen. Die Zuhörer und Tänzer, der Musiker und die Musik – sie wurden alle eins. Auf dem Höhepunkt des Solos klebte jemand dem Trommler als Zeichen seiner Wertschätzung einen Geldschein auf die verschwitzte Stirn. Es war eine Dollar-Note. Diese bunte Mischung der Kulturen war für mich schwer zu fassen. Wie konnten all diese Symbole am selben Ort gleichzeitig nebeneinander existieren?

Später wirkte diese Mischung der Perspektiven wie eine Lehrstunde darin, die Welt so zu sehen, wie sie ist – selbst wenn die einzelnen Komponenten nicht miteinander vereinbar zu sein scheinen. Hier entdeckte ich eine Entwicklung, wie ich sie mit dem Salsa in New York kennengelernt hatte. Dieser Abend war sozusagen eine Erinnerung an die Kreativität, die uns immer weiter vorantreibt. Welche Mischung aus Kulturen, Religionen, Machthierarchien und anderen Mustern wird wohl die Antworten bereithalten, die wir suchen? Haben wir den Mut, die Dinge klar und vorurteilsfrei zu sehen?

Wenn wir das große Ganze verstehen wollen, müssen wir mehr Perspektiven einbringen, um die Wahrheit aus verschiedenen Blickwinkeln betrachten zu können. Eine Bühne bietet unterschiedliche Eindrücke – je nachdem, ob man Zuhörer, Schauspieler oder Regisseur ist. Allerdings muss der Regisseur in der Lage sein, auch die beiden anderen Perspektiven einzunehmen.

Ich erinnere mich, dass es in meiner Kindheit verboten war, offen über die unterschiedliche Herkunft der Menschen zu sprechen. Wir wollten nicht zugeben, dass wir der Meinung waren, manche Menschen seien weniger wert als andere. Wenn wir dieses sensible Thema ausblendeten, konnten wir glauben, keine Vorurteile zu haben. Als ich viele Jahre später in die USA reiste, fand ich es befreiend, dass hier die unterschiedliche Herkunft kein solches Tabu darstellte. Natürlich war mir dennoch bewusst, dass es auch in den USA ähnliche Werte gab.

Wir leben in Bewusstseinsblasen. Jede Kultur entwickelt ein offizielles und ein inoffizielles Weltbild, das die

Menschen miteinander verbindet. Jeder, der nicht in das kulturelle Muster passt, läuft Gefahr, als andersartig gebrandmarkt zu werden. Das ist ein Schicksal, das die meisten von uns fürchten. Doch im Laufe der vergangenen Jahrzehnte sind immer mehr Subkulturen entstanden, und die Explosion der internationalen Reisetätigkeit, die Verbreitung der Medien und das Internet haben gemeinsam zu einem deutlich wacheren Bewusstsein beigetragen. Ich folgere daraus, dass wir auf eine größere Transparenz in fast jedem Bereich und eine gewisse Freiheit zusteuern. Außerdem gibt es einen zunehmenden Handelsgeist, der zu einer Vermischung unserer Bewusstseinsblasen führt. Ich vermute, dass das wachsende Bewusstsein entscheidend sein wird.

Erleuchtung ist ein Begriff, der für viele Menschen den Höhepunkt der menschlichen Weisheit und geistigen Erkenntnis bezeichnet. Eine Definition des Worts beschreibt die Erleuchtung jedoch als Fähigkeit, alles so zu sehen, wie es ist, ohne Vorurteile. Das mag einfach klingen, wenn Sie es noch nicht ausprobiert haben. In der Regel fällen wir instinktiv ein positives oder negatives Urteil über die Dinge, mit denen wir in Kontakt kommen.

In einer spirituell ausgerichteten Kultur gilt Erleuchtung als äußerst erstrebenswert, denn wenn man sie erreicht, stellt sich ein Zustand der Glückseligkeit ein. Im Sanskrit wird dieser als „sat-cit-ananda" bezeichnet, was so viel bedeutet wie „das, was ist – Bewusstsein – Glückseligkeit". Wenn wir den Satz „Es ist, wie es ist." ganz verinnerlicht haben, stellen wir das Urteilen ein. Dann gibt es auch keine Notwendigkeit mehr, die Lage der Dinge zu ändern. Und wir können in den Dingen im Hier und Jetzt Perfektion sehen und einen Zustand der Glückseligkeit erreichen. Paradoxerweise bedeutet das jedoch nicht, dass wir nun aufhören können, unseren Beitrag für eine bessere Welt zu leisten.

Sie wissen, was wahr ist
Ihre Wahrheit kann wachsen, solange Sie es zulassen.

Sie wissen, dass Sie die Wahrheit sagen, aber auch absichtlich Dinge behaupten können, die nicht ganz wahr sind. Wenn Sie in Bezug auf das, was Sie wirklich fühlen oder denken, nicht vollkommen ehrlich sind, entsteht eine Kluft zwischen Ihnen und Ihrer Umgebung. Auch in Ihrem Inneren kommt es zu einer Diskrepanz zwischen dem Teil von Ihnen, der ehrlich sein möchte, und dem Teil, der es nicht ist. Ihr inneres Einheitsgefühl weiß, wann Sie sich selbst im Stich gelassen haben. Liebe ist jene Intelligenz, die Sie zurückführt zu dieser Einheit der echten Wahrnehmung der Realität einerseits und der Art, wie Sie die Wirklichkeit Ihnen selbst und anderen gegenüber darstellen, andererseits.

Die Schöpfung hat Sie mit einem äußerst wirkungsvollen Kompass ausgestattet, und wenn Sie diesem folgen, ist es Ihnen tatsächlich nicht möglich, sich auf Ihrem Lebensweg zu verlaufen. Die Frage ist allerdings, welche Umwege Sie in Kauf nehmen wollen. Ihr Körper und Ihr Bewusstsein wissen immer, wie Ihre echte Wahrheit aussieht. Ihre Realität mag aus objektiver, wissenschaftlicher Sicht nicht wahr sein, doch für Sie ist es die beste und effektivste Wahrheit, die Ihnen gerade zur Verfügung steht. Wenn Sie unerschütterlich zu Ihrer Wahrheit stehen, schult das Ihre Intuition. Sie müssen Ihre Sinne stets verfeinern und weiterentwickeln, um Ihre inneren Signale noch besser erspüren zu können.

Es kann sogar sein, dass Ihre intuitive Wahrheit wahrer ist als die wissenschaftlich vorherrschende Wahrheit. Wissenschaftler verlassen sich häufig auf ihre Intuition, wenn sie ihre Theorien entwickeln. Albert Einstein und Stephen Hawking behaupten, dass ihnen im Traum komplett ausgearbeitete Theorien einfielen.

> **Sat nam –
> Ich bin die Wahrheit.**
> EIN YOGA-MANTRA

In manchen Situationen reicht es, auf das hinzuweisen, was für alle offensichtlich ist. Etwa wie der Junge, der in dem Märchen laut ruft, dass der Kaiser nackt ist. Es gibt noch immer viele offensichtliche Wahrheiten zu erzählen. In Ihrem Inneren werden Ihr Selbstbild und Ihre Weltvorstellung geprägt. Was Ihnen vernünftig vorkommt, nehmen Sie als Wahrheit an und behalten es so lange bei, bis Ihnen etwas begegnet, das besser zu funktionieren scheint.

> **Was ist wahrer als die
> Wahrheit? Die Geschichte!**
> JÜDISCHES SPRICHWORT

Sei es nun Ihr intuitives Verständnis oder eine nachweisbare Wahrheit. Sei es eine subjektive oder eine objektive Wahrheit.

Nur Ihre subjektiven Gefühle beinhalten die Energie für Ihr Handeln. Die objektive Wahrheit ist wichtig, kann aber nicht selbsttätig eine Aktion in Gang setzen. Darüber werden Sie im nächsten Kapitel noch mehr erfahren.

Ebenso wie Sie wissen, was für Sie wahr ist, kennen auch andere ihre eigene Wahrheit. Als Menschen haben wir alle dieselben Bedürfnisse. Doch wir haben unterschiedliche Erfahrungen und Sichtweisen auf das Leben. In viel zu vielen unserer Gespräche geht es nicht darum, unser gemeinsames Wissen zu maximieren, sondern darum, aus einer Diskussion als Sieger hervorzugehen und unseren Gegner klein zu halten. Eine mutige Person kann sich dafür interessieren, was andere fühlen und denken. Was sehen Sie aus Ihrer Perspektive des Lebens? Bin ich in der Lage, Ihre Perspektive einzunehmen?

> *Jeder hat recht – aus seiner Perspektive und Erfahrung.*
> **Ken Wilber**

Ohne Zweifel haben auch Sie schon einmal die Erleichterung empfunden, die damit verbunden ist, seine Wahrheit auszusprechen. Wie ich, kennen Sie vermutlich ebenfalls das schlechte Gewissen, sich gut zu fühlen, nachdem man seine tatsächliche Meinung ausgesprochen und dadurch jemand anderen traurig gemacht hat. Das ist natürlich nicht besonders schwierig. Es fühlt sich gut an, wenn man eine Situation so beschreiben kann, wie sie wirklich ist. Viel Spannung wird gelöst, wenn man die Wahrheit sagt. Wie Sie in den folgenden Kapiteln erfahren werden, kommen Sie Ihrem Gegenüber tatsächlich näher, wenn Sie die Wahrheit sagen. Manche Wahrheiten tun weh – das lässt sich nicht vermeiden. Und es ist auch gut zu wissen, dass es keine absolute Wahrheit gibt.

> *Das Gegenteil einer tiefen Wahrheit ist eine andere tiefe Wahrheit.*
> NIELS BOHR

Wenn Ihre und meine Wahrheit frei nebeneinander existieren, können wir ehrlich sein und gemeinsam erkunden, was wir als Nächstes tun wollen. Unsere ganze Persönlichkeit kann bloßgelegt werden. Die Kraft, die uns zu Verbundenheit und Wahrheit zurückbringt, ist die Liebe.

Ihr emotionaler Motor

Gefühle lenken

Unsere Gefühle sagen uns, was wir brauchen.
Unsere Gedanken sagen uns, was wir tun müssen,
um es zu bekommen.

Haben Sie jemals darüber nachgedacht, was unser Handeln steuert? Sigmund Freud glaubte, dass die Sexualität einen großen Teil dessen, was wir tun, bestimmt. Die Sexualität kann als der „angeborene Wille" der Gene beschrieben werden, sich zu verbreiten. Auch die Angst vor dem Tod kann uns dazu bewegen, uns durch die Fortpflanzung unsterblich zu machen.

Unser Handeln kann mit sehr verschiedenen Wissenschaften beschrieben werden: Es gibt chemische, physikalische, biologische, religiöse, philosophische und andere Erklärungen, die alle ihre eigene Antwort auf die Frage liefern, warum wir tun, was wir tun. In diesem Teil des Buches schauen wir uns zwei psychologische Konzepte genauer an, von denen man annimmt, dass sie unser Verhalten steuern: Emotion und Kognition. Manche Menschen glauben, dass wir von unseren Gefühlen gelenkt werden, während andere uns für rationale Geschöpfe halten, die durch ihre Gedanken gesteuert werden. Wieder andere glauben, dass wir von einer Kombination aus beidem bestimmt werden.

Das Erklärungsmodell, das ich gewählt habe, geht davon aus, dass es in erster Linie unsere Gefühle sind, die alles lenken, was wir tun. Wir haben Bedürfnisse, die Gefühle hervorrufen, aber auch Gefühle, die Gedanken und Aktionen anregen. Einige Emotionen wollen wir empfinden, andere vermeiden. Und manchmal haben wir Gefühle, die wir nicht zulassen wollen – was die Verwirrung erklärt, die gelegentlich aufkommt. Emotionen sind also sowohl der Anfangs- als auch der Endpunkt all unseres Handelns.

Bevor wir handeln, findet auf verschiedenen Ebenen ein komplexer Prozess des Fühlens und Denkens statt. Die Kette vom Bedürfnis bis zu dessen Befriedigung kann vereinfacht folgendermaßen dargestellt werden:

Bedürfnisse entstehen aus einer Mischung aus dem Drang zu überleben, den Mustern, die unsere Persönlichkeit bilden, und den großen, existentiellen Fragen. Sie manifestieren sich in Emotionen, die wiederum ein Nachdenken darüber auslösen, welche Handlung die Bedürfnisse am leichtesten erfüllen kann – selbst wenn wir uns ihrer nicht bewusst sind; in diesem Fall handeln wir unbewusst. Die Handlung führt zu einer Erfahrung, die entweder ein befriedigendes Gefühl erzeugt oder eine Emotion auslöst, die weitere Gedanken und Aktionen zur Folge hat.

Nur Ihre subjektiven Bedürfnisse haben die Macht, Handlungen herbeizuführen. Die objektive Wahrheit und Ihre Gedanken sind wichtig, aber neutral und können Sie nicht eigenständig zu einer Aktion bewegen. Deshalb ist es wichtiger, Ihre Gefühle als Ihre Gedanken zu kennen.

Ich finde es faszinierend, dass Menschen erklärtermaßen immer den bequemsten Weg wählen, um ihre Ziele zu erreichen. Manche Menschen nehmen den kürzesten Weg zur Liebe; andere entscheiden sich für einen Pfad, der zwar offensichtlich schwieriger ist, aber wahrscheinlich sicherer zum Ziel führt.

Klare Gedanken sind eine Frage von tiefen Gefühlen.

Wilber, Patten, Leonard, Morelli

Gedanken können automatisch entstehen, wenn sie bestimmten festen Mustern folgen. Zum Glück müssen wir nicht über jede unserer Handlungen nachdenken. Einige unserer Muster sind zweckmäßig und haben fast immer die gewünschte Wirkung. Andere wiederholen wir, obwohl sie jedes Mal Gefühle auslösen, die wir überhaupt nicht mögen. Aus eigener Erfahrung weiß ich, wie es sich anfühlt und welchen Stress es auslöst, ein Optimist zu sein. Jedes Mal aufs Neue! Manchmal wissen wir nicht, ob wir über unser Verhalten lachen oder weinen sollen, stimmt's?

Manche Muster haben einen kulturellen Hintergrund und lösen keine Überlegungen unsererseits aus, ob sie mit unseren Bedürfnissen übereinstimmen oder nicht. Im vorangegangenen Kapitel ging es darum, dass einige Symbole weithin mit dem Konzept von einem guten Leben assoziiert werden. Wir nehmen es als gegeben hin, dass sie uns Zufriedenheit verschaffen.

In der kognitiven Psychologie sprechen die Ärzte häufig darüber, wie unsere Gedanken unser Verhalten steuern. Ich bin der Ansicht, dass wir natürlich unsere Gedanken beeinflussen können – doch es sind unsere Gefühle, die uns lenken. Unsere Emotionen sind der Resonanzboden, auf dessen Grundlage wir unsere Handlungen überprüfen. Jede Aktion führt bestenfalls zur gewünschten Emotion, sodass ich glücklich bin, bis das nächste Bedürfnis aufkommt. Das Ergebnis kann auch ein Gefühl der Unzufriedenheit sein, sodass weitere Handlungen erforderlich sind.

Das kognitive Training, um die eigenen Gedanken beeinflussen zu können, ist eine wirksame Methode, um schädliche Muster zu durchbrechen. Als Kinder sind wir durch emotional beängstigende Erfahrungen besonders verwundbar, da wir sie weder verstehen noch uns gegen sie schützen können.

Manchmal ist eine tiefer gehende Therapie nötig, um unterdrückte Gefühle freizusetzen, die sich auf frühere unerfüllte Bedürfnisse zurückführen lassen und gestörte Muster zur Folge hatten.

Sigmund Freud war ein zukunftsweisender Psychologe, dessen Ideen hinsichtlich der Psychoanalyse beschreiben, wie negative Gefühle, mit denen wir nicht umgehen können und die wir nicht verstehen, unterdrückt werden und in unser Unterbewusstsein eingehen. Diese unterbewussten Erinnerungen beeinflussen unsere Emotionen, Gedanken und Verhaltensweisen derart, dass wir praktisch machtlos sind, dagegen anzugehen. Robert Assagioli, Freuds ehemaliger Schüler, machte mit seiner Entwicklung der Psychosynthese einen ebenso entscheidenden Schritt; sie beschreibt, inwiefern eine vorenthaltene Erfahrung unseres höheren Selbst ebenfalls in das Unbewusste verdrängt werden kann. Marianne Williamsons Text, der im vorigen Teil zitiert wurde, ist meiner Ansicht nach eine perfekte Veranschaulichung von Assagiolis These, dass wir mehr Angst vor unserer Größe als vor unserer Schwäche haben.

Viele Emotionen
Gefühle können in unterschiedlicher Weise verstanden werden.

Es gibt in der Tat viele Gefühle! Sie können unterschiedlich stark sein, mit anderen Emotionen kombiniert werden, und so weiter. Es kann schwierig sein, genau zu wissen, was im Inneren vor sich geht. Und noch schwieriger ist es zu verstehen, warum die Gefühle da sind.

Es gibt verschiedene Möglichkeiten, Emotionen zu kategorisieren und auf unterschiedliche zugrunde liegende ursächliche Gefühle zurückzuführen. Ich kenne Listen von bis zu 500 verschiedenen Emotionen, die von fünf, sieben oder elf Grundgefühlen abstammen, die gelegentlich als Affekte bezeichnet werden. Manche Modelle nutzen die Begriffe Affekt und Emotion vertauscht.

Jedes dieser Systeme hat seine Verdienste. Eines könnte beispielsweise auf einer globalen Studie der Gesichtsausdrücke von Kindern als Reaktion auf unterschiedliche Erfahrungen basieren, ein anderes darauf, wie Erfahrungen in der Psyche gestaltet werden. Dieses Buch widmet sich jedoch einer anderen Möglichkeit, uns selbst zu sehen: als Wesen, die von zwei Grundemotionen gesteuert werden – Angst und Liebe.

Ist das Gehirn oder das Herz entscheidend?

Es gibt eine Beziehung zwischen Bereichen des Gehirns und den Sinneseindrücken. Die Rolle des Herzens ist unklar.

Häufig hört man, das Gehirn sei die wunderbarste Schöpfung, die der Mensch kennt. Und je mehr wir über seine Funktion lernen, desto weniger scheinen wir all seine Geheimnisse zu verstehen. Dennoch versuche ich im Folgenden, sehr schematisch die unterschiedlichen Funktionen des Gehirns zu skizzieren.

Verschiedene Tierarten haben verschiedene Gehirntypen; und verschiedene Tierarten haben darüber hinaus entsprechende Entwicklungsniveaus hinsichtlich der Sinneseindrücke, Gefühle und Gedanken. Es ist faszinierend, die Beziehung zwischen diesen beiden Aspekten der Psychologie zu untersuchen.

Das menschliche Gehirn kann in drei Hauptbereiche unterteilt werden. Aus dem Rückenmark entspringt das Stammhirn, das die Flut von Sinneseindrücken, mit der wir konfrontiert werden, grob sortiert und filtert, sodass nur ein Teil davon zum limbischen System weitergeleitet wird. Dieses umgibt das Stammhirn und liegt darüber. Hier entstehen unsere Gefühle. Sie senden Impulse an die Hirnrinde, in der mehr oder weniger bewusste Gedanken darüber gebildet werden, wie wir mit unseren Sinneseindrücken und Gefühlen umgehen sollen. Einfache Säugetiere haben tatsächlich keine Hirnrinde, während noch primitivere Wirbeltiere sogar nur über ein rudimentäres limbisches System verfügen.

Die Bereiche des Gehirns, die wir am meisten nutzen, werden größer und beanspruchen sogar andere Regionen für sich. Auf diese Weise nimmt die Gesamtleistungsfähigkeit unseres Gehirns zu. Deshalb sollten wir uns der Dinge bewusst sein, denen wir unsere Aufmerksamkeit schenken.

Unser Überleben stützt sich auf unsere Fähigkeit, die Intensität der sensorischen Reize zu kontrollieren. Andererseits wachsen wir als Menschen an der Erfahrung herausfordernder Emotionen, wenn wir die Kraft unserer Gedanken aufrechterhalten. Dies gilt sowohl für die Angst als auch für die Liebe.

Unser Wissen über das Gehirn, die Emotionen und kognitiven Prozesse ist noch immer äußerst begrenzt. Die Wssenschaft hat gerade erst begonnen, die Rolle zu erforschen, die das Herz in diesem Zusammenhang spielt. Wir wissen inzwischen, dass vom Herzen deutlich mehr Nervenimpulse an den Körper geschickt werden als vom Gehirn. Es gibt auch Studien, die nahelegen, dass das Herz eine eigene Intelligenz und Kontrollfunktion hat, die schneller arbeiten als die des Hirns.

> **Bevor das Herz sich erinnern kann, muss das Gehirn vergessen.**
> BYRON JANIS

Als Ingenieur und Projektmanager brauche ich in meinem Leben Logik und möchte sowohl die Ursache als auch die Wirkung verstehen. Doch ich könnte nicht behaupten, dass irgendein Teil unseres Körpers oder eine Körperfunktion wichtiger ist als andere, um zu verstehen, wie Gefühle uns lenken. Alle Bereiche funktionieren gemeinsam. Dennoch glaube ich, dass ich eine allumfassende Logik hinter dem erkennen kann, was anscheinend funktioniert oder eben nicht funktioniert. Um die tiefsten Motivationen und den Ursprung unserer Gefühle zu verstehen, ist meiner Ansicht nach eine spirituelle

Dimension erforderlich. Dies gilt für mein Arbeitsleben ebenso wie für das Leben mit meinem Partner. Für mich ist die spirituelle Dimension der zweckmäßigste Ausgangspunkt für ein gutes Leben – sowohl für jeden Einzelnen als auch für die Gemeinschaft.

__Das Herz hat seine Gründe, von denen der Verstand nichts weiß.__

Blaise Pascal

Angst

Von Einheit zu Verbundenheit
Unser Ursprung ist Einheit. Verbundenheit mit den Menschen bestätigt unseren Ursprung. Trennung löst Angst aus.

Die meisten Menschen scheinen darin übereinzustimmen, dass wir eine Seele haben – einen abstrakten und schwer fassbaren Teil unseres Inneren. Die Seele ist mehr als nur Fleisch und Blut, Gefühle oder Gedanken. Doch wenn wir versuchen, diese Seele zu beschreiben und zu definieren, gehen die Meinungen auseinander. Ich glaube in erster Linie, dass schon jedes Baby über das unbewusste Wissen verfügt, dass es eins ist mit dem Rest der Schöpfung. Eine offensichtliche Zugehörigkeit. Dieser Zustand ist mehr als das, was manchmal als „tabula rasa" bezeichnet wird. Diese innerste Essenz ist die allumfassende Einheit mit allem und jedem.

Das Kind wird durch Bewegungen oder Gesichtsausdrücke mehr oder weniger bewusst zum Handeln angeregt. Es übt das Kommunizieren mit seiner Umgebung, und wenn es akzeptiert wird, fühlt es sich bestätigt. Möglicherweise liest das Kind die Akzeptanz – oder zumindest die fehlende Zurückweisung – in den Augen der Mutter oder in ihrem Gesichtsausdruck. Wie dem auch sei: So wird Verbundenheit erzeugt. Dieser Vorgang kann als aufsteigende Folge von Aktion und Erfahrung beschrieben werden:

Verbundenheit
↑
Bestätigung
↑
Handlung
↑
EINHEIT

Ermutigt von der Erfahrung kann das Kind neue Kommunikationsversuche unternehmen, um seine Bedürfnisse zu befriedigen und Verbundenheit zu erreichen. Manchmal muss für dieses Verbundenheitsgefühl noch nicht einmal eine bewusste Handlung ausgelöst werden. Der Zustand selbst scheint ein unzweifelhaftes Gefühl der Zugehörigkeit und Einheit herbeizuführen.

Der Wunsch, diese Empfindung erneut zu spüren, ist einer unserer grundlegenden Beweggründe, denn ein Zugehörigkeitsgefühl ist äußerst befriedigend. Dies ist der natürliche Geisteszustand, wenn man eine Form der Einheit erfahren kann.

Auf diese Weise baut das Kind das Vertrauen auf, dass die Welt gut ist. Es fühlt sich in seiner Selbstdarstellung sicher, immer wieder aufs Neue. Und es ist einfach, auf ein glückliches Kind freundlich zu reagieren. So ist eine positive Entwicklungsspirale entstanden.

Von der Einheit zur Trennung
Ihr inneres Wesen ist die Einheit, aus der Sie kommen. Dieses Wesen kann von nichts und niemandem beschädigt werden. Doch wenn Ihre eigene, persönliche Einheitserfahrung von anderen nicht bestätigt wird, macht Ihnen das Angst.

Wir alle kennen die schmerzliche Erfahrung, keine Bestätigung zu erhalten. Wenn wir verletzt oder beleidigt werden, wird dieses Gefühl noch verstärkt. Diese Empfindungen haben eine Gemeinsamkeit: die Erfahrung, von einem anderen Menschen getrennt zu werden. Trennung ist das Gegenteil unseres fundamentalen Bedürfnisses und unseres Strebens nach Verbundenheit. Eine solche Trennung löst das aus, was ich als Angst bezeichne. Diese kann von einer körperlichen oder geistigen Verletzlichkeit herrühren.

Das Kind braucht in einer solchen Situation Zuspruch. Wenn es getröstet wird, kann das Kind wieder Verbundenheit fühlen, sobald sein Sicherheitsgefühl wiederkehrt und die positive Spirale wieder funktioniert. Ist der Trost zuverlässig genug, kann das Sicherheitsgefühl des Kindes durch eine vorübergehende Trennung verstärkt werden, da das Kind lernt, dass es verzweifelt sein kann und dennoch alles wieder in Ordnung kommt.

Vom Augenblick unserer Geburt an leben wir mit Verletzlichkeit auf verschiedenen Ebenen. Wie sehr wir uns auch darum bemühen: Wir können uns nie völlig sicher sein, dass all unsere Bedürfnisse in Bezug auf ein perfektes, gutes Leben befriedigt werden.

Wenn das Kind nicht genug Vertrauen hat, steigt die Wahrscheinlichkeit, dass es Verzweiflung und die Unzulänglichkeit der Mutter spürt. Dies kann eine negative Spirale auslösen, bei der Angst in der Psyche des Kindes einen immer größeren Raum einnimmt. Nun hält das Kind es für ganz logisch, negative Erwartungen an seine Welt zu haben – Erwartungen, die sich selbst erfüllen können.

Längere Trennung
Angst kann weitere Angst auslösen.

Wenn sich die negative Spirale fortsetzt, wird die Angst an Intensität zunehmen. Wenn ein Mensch Angst auf seine Umgebung projiziert, wird sie mit derselben Energie beantwortet. Was wir aussenden, erhalten wir zurück. Im schlimmsten Fall wird das Gefühl der Trennung größer, führt zu Reizbarkeit, Wut und Sünde. Mädchen fressen ihren Frust häufig in sich hinein, während Jungen ihn eher abreagieren.

Die Sünde kann in unserem Zusammenhang beschrieben werden als eine bewusste Entscheidung, die Wahrheit zu ignorieren – die Wahrheit über unser innerstes Wesen, das reine, gestaltlose Liebe ist. Wenn die Trennungserfahrung unerträglich wird, mag die bewusste Beseitigung jeder Vorstellung von einer positiven Identität und der Sehnsucht nach Verbundenheit und Liebe als nützlicher, letzter Ausweg erscheinen. Wir entscheiden uns bewusst, uns unserer

> *Sünde beschränkt sich auf Angst, Gedanken, Menschheit.*
> Jonny Ekman

wahren Natur nicht bewusst zu sein. Allerdings kann das innerste Wesen nur versteckt und vergessen werden, aber niemals ausgelöscht!

Das ganze Spektrum des Lebens
Es ist möglich, in jedem Augenblick unseres Lebens eine freie Entscheidung für die Angst oder für die Liebe zu treffen.

Nachfolgend sehen Sie beide Möglichkeiten der Entwicklung in demselben Diagramm.

Ich kenne keine bessere Beschreibung unseres menschlichen Bedürfnisses nach Verbundenheit und Beständigkeit als die Erklärung, die der schwedische Autor Hjalmar Söderberg in seinem Roman „Doktor Glas" liefert:

Man will geliebt werden,
aus Mangel daran bewundert,
aus Mangel daran gefürchtet,
aus Mangel daran verabscheut und verachtet.
Man will Menschen irgendein Gefühl einflößen.
Die Seele schaudert vor der Leere
und sucht nach Nähe um jeden Preis.

Von der Trennung zur Unwahrheit
Wenn ich nicht die Wahrheit sage, werde ich vielleicht akzeptiert und sogar gemocht. Eine Versuchung, die zu weiterer Trennung führt.

Wie jemand zu wirken, der ich eigentlich gar nicht bin, ist für mich eine Möglichkeit, menschliche Trennung zu vermeiden. Ich stelle eine Person dar, die akzeptiert werden kann, und erlebe auf diese Weise wieder Verbundenheit. Was ich wirklich fühle und denke, muss sich meinem Bedürfnis unterordnen, von den Menschen in meiner Umgebung bestätigt zu werden. Vielleicht höre ich sogar auf, das zu fühlen, was ich wirklich fühle. Doch alle Wege der Selbstaufgabe führen nur zu noch größerer Einsamkeit.

Außer Verbundenheit brauchen wir auch vielerlei anderen Austausch mit unseren Mitmenschen. Die Liste lässt sich unbegrenzt erweitern. Jeder Kontakt mit anderen Menschen bringt eine gewisse Verletzlichkeit mit sich. Werde ich von dieser Person das bekommen, was ich möchte? Selbst wenn ich sage, was ich genau in diesem Moment fühle und denke?

In dieser Unentschlossenheit riskieren wir, uns selbst aufzugeben, indem wir eine wichtige Voraussetzung für die gesunde Verbundenheit mit anderen loslassen: die Verbundenheit mit uns selbst. Wir sind nicht mehr authentisch, wenn ein Ungleichgewicht zwischen unserem inneren Selbstbild und unserer äußeren Erscheinung entsteht. Von der inneren und äußeren Trennung abgesehen, hat unsere Angst uns zum Lügen gebracht. Dieses Verhalten zeigen wir mehrmals am Tag.

Es gibt einen Weg zurück aus der Angst, Trennung und Unwahrheit. Doch erst, wenn wir danach suchen, werden wir ihn finden.

Das Wesen der Angst
Angst wird als Trennung und Unwahrheit empfunden.

Trennung oder Einsamkeit ist das Gefühl in uns, auf die eine oder andere Weise isoliert zu sein – zum Beispiel isoliert von unserer Familie, von der Menschheit oder von der ganzen Welt.

Unwahrheit ist der Verzicht auf die Wahrheit über die Gefühle im Hier und Jetzt und die Gewissheit der wissenschaftlichen Wahrheit.

Wenn Angst eine Bedrohung in den Mittelpunkt rückt, entsteht dadurch ein Tunnelblick, der alles andere ausblendet, Kreativität und Freude aus dem Bewusstsein verdrängt. Angst, Trennung und Unwahrheit bedingen sich gegenseitig. Wenn eines dieser Elemente existiert, gibt es auch die beiden anderen. Fehlt eines, sind auch die beiden anderen nicht vorhanden.

Angst bedeutet, sich selbst aufzugeben.

Ein wichtiger Unterschied zwischen Angst und Liebe ist die Fähigkeit der Angst, sofortige Reaktionen zu bewirken. Da es der Zweck der Angst ist, uns vor Gefahren zu schützen, muss sie unmittelbare Reflexe auslösen. Auch wenn die körperliche Reaktion unterdrückt werden kann, führt die Angst dennoch zu Veränderungen im Gehirn, die sich grundlegend von jenen unterscheiden, welche aus der Erfahrung der Liebe resultieren. Die Prägung, welche die Angst im Gehirn hinterlässt, ist deutlich stärker und länger anhaltend; doch vor allem tritt die Reaktion auf die Angst sofort ein – ohne Zeit zum Nachdenken. Die Erfahrung der Liebe oder Belohnung hat im Allgemeinen eine deutlich schwächere Auswirkung auf das Gehirn, ist flüchtiger und entwickelt sich viel langsamer. Um Vertrauen und eine Prägung aufzubauen, sind Zeit, Verbindlichkeit und Können erforderlich. Jeder kann alles in kürzester Zeit untergraben und zerstören. Deshalb versuchen die Medien, die Aufmerksamkeit mit negativen Nachrichten zu fesseln. Und uns wird vorgegaukelt, dass die Menschheit von Grund auf böse ist. Denken Sie daran, dass unser innerstes Wesen immer reine, gestaltlose Liebe ist – auch wenn es leicht fällt, uns in Angst zu versetzen. Geisteszustände, die von Angst dominiert werden, sind verhängnisvoll für die Gesellschaft, da sie unsere Werte und Gewohnheiten auch über die jeweilige Situation hinaus beeinflussen.

Angst ist leicht zu durchschauen
Es gibt nur zwei Gelegenheiten, bei denen Angst entstehen kann.

Angst ist leicht zu beschreiben. Sie kann nur bei zwei Anlässen aufkommen: Wenn wir verlieren, was wir haben, oder wenn wir glauben, dass wir nicht bekommen, was wir wollen. Eine andere Voraussetzung für die Entstehung von Angst ist, dass wir uns wehren wahrzunehmen, was passiert. Diese Erkenntnis ist so wichtig, dass ich sie noch einmal hervorheben möchte:

Die Beschreibung des Kontakts zwischen einer Mutter und ihrem Baby hat veranschaulicht, wie Verbundenheit Angst auslösen kann. Ein existentielles Bedürfnis bleibt unerfüllt. Wenn das Kind heranwächst, wird es mehr Bedürfnisse entwickeln – körperliche, materielle, psychologische und seelische. Jederzeit übt Angst oder Liebe die Kontrolle aus. Wenn es die Angst ist, geht es um eine Art von Verlust, der entweder geschieht oder sich ereignen wird, und gegen den man sich wehrt. Hat der Verlust keine Konsequenz, gibt es keinen Widerstand und folglich auch keine Angst. Wenn wir genau wissen, wie wir uns verteidigen können oder wiedererlangen, was wir verloren haben, müssen wir keinen Widerstand aufbauen.

Wir empfinden Angst, wenn wir verlieren, was wir haben, oder denken, dass wir nicht bekommen, was wir uns wünschen, und diese Erfahrung ablehnen.

Leiden wird nicht durch Schmerz ausgelöst. Leiden entsteht durch den Widerstand gegen den Schmerz.

Die häufigste Form der Angst ist die Loslösung. Wenn wir den Schmerz nicht länger aushalten, machen wir uns von unseren Gefühlen frei. Selbst von großer Freude können wir uns loslösen, wenn wir nicht wissen, wie wir damit umgehen sollen. In gewisser Weise gehört es zu unserer Überlebensstrategie, nicht alle unsere Emotionen anzuerkennen. Die Frage ist nur, ob wir uns von Gefühlen lösen, die wir für unser zukünftiges Überleben brauchen. Einige der bedeutendsten Führungskräfte haben erkannt, dass Angst unser größter Feind ist.

Angst ist ein Mangel an Liebe
Alles ist Liebe und sucht nach Liebe.

Jeder, der sich von Angst leiten lässt, hat die Verbindung zur Liebe verloren und versucht, zu Verbundenheit und Wahrheit zurückzukehren. Folglich ist Angst der Wunsch nach Liebe. Jeder Angriff kann sogar als – wenn auch egoistische, primitive – Bitte aufgefasst werden, den Weg zurück zu Verbundenheit und Wahrheit zu finden. Je mehr Aufmerksamkeit wir den Signalen der Angst schenken, desto eher verstehen wir, was wir tun müssen, um die Liebe wiederzufinden.

Wer voller Sünde ist, hat die Hoffnung auf Liebe, Verbundenheit und Wahrheit ebenso verloren wie die Aussicht auf Liebe, ist benommen angesichts des Abgrunds, der sich auftut, und in die Leere gesprungen – als letzter Versuch zu überleben.

Funktionale und neurotische Angst
Neurotische Emotionen sind Fantasiebilder der Realität.

Natürlich gibt es so etwas wie zweckdienliche Ängste! Ängste, die es uns ermöglichen, jederzeit zu überleben, sind für uns unerlässlich. Angeblich gibt es zwei Auslöser für angeborene Angst: laute Geräusche und große Höhen. Alle anderen Ängste sind erworben. So haben wir beispielsweise gelernt: Wenn wir unsere Sinne schärfen, bevor wir die Straße überqueren, erhöht sich die Wahrscheinlichkeit, die andere Straßenseite unverletzt zu erreichen. Die Reaktionen, die unseren konkreten Bedürfnissen entsprechen, haben offensichtlich eine liebende Funktion.

Funktionale Angst kann als Verteidigungsmechanismus gelten, der durch die Bedrohung eines Aspekts unseres Lebens im Hier und Jetzt aktiviert wird. Zu den Reaktionen auf Angst zählen die Flucht, der Kampf und die Lähmung. Im Laufe der Zeit hat sich auch die Verhandlung zu einer anerkannten Strategie entwickelt, um sich einer bedrohlichen Situation zu entziehen. Wenn die Zeit es zulässt, können wir sogar lernen, Angst vollkommen zu vertreiben.

Allerdings haben viele alltägliche Ängste nichts mit dem zu tun, was im Hier und Jetzt geschieht. Vereinfacht kann man sagen, dass diese Ängste häufig Fantasien der Zukunft sind, die auf Erinnerungen an frühere Geschehnissen beruhen, welche eine körperliche oder geistige Bedrohung zur Folge hatten: möglicherweise offenkundige Verletzbarkeit durch Armut oder auch nur ein abweisender Blick in einem unbewusst sensiblen Augenblick. Im Gehirn setzen sich schmerzliche Gefühle eher fest als Gedanken. Diese Erinnerungen können bewusst oder unbewusst sein. Die Ängste beeinflussen unser Verhalten und können auch die Entwicklung des betroffenen Teils unserer Psyche hemmen.

Angst kann für das kurzfristige Überleben genügen. Doch wenn Sie ein erfülltes Leben haben und Ihr Potenzial ausschöpfen wollen, müssen Sie sich von der Liebe leiten lassen.

Funktionale enthält ebenso wie neurotische Angst eine wichtige Botschaft. Angst ist immer ein Hinweis darauf, dass wir die Grenze unserer Fähigkeiten erreichen, und bietet uns deshalb eine hervorragende Möglichkeit zu lernen, sofern uns immer bewusst bleibt, was geschieht. Die anderen erwähnten Ängste – Reizbarkeit, Wut und Sünde – sind für Menschen, die in der Lage sind, auch unter solchen Bedingungen noch einen Teil ihres Bewusstseins offen zu halten, sogar noch nützlicher.

Die strukturierte Angst des Egos
Das Ego verfügt über Überlebensstrategien.
Es ist nie zufrieden.

Bedrohliche Situationen, egal welcher Art, erzeugen Erfahrungen, die sich nach und nach zu Überlebensstrategien entwickeln. Diese bilden eine Art des Gefühls- und Gedankenmusters, das automatisch in Kraft tritt. Die Gesamtheit dieser erlernten Fähigkeiten wird häufig als Ego oder Ich bezeichnet. Das Ich macht einen großen Teil der Persönlichkeit aus und schafft eine trügerische Sicherheit, indem es ein

Gefühl der Trennung zwischen uns selbst und unserer bedrohlichen Umgebung erzeugt. Das Ego funktioniert auf der Grundlage der Beurteilung, negativer Gedanken und des Wettbewerbs. Der Angst, versteht sich. Unser Ego identifiziert sich mit unserem Körper sowie mit Gegenständen außerhalb von diesem – wie Besitztümer – und lässt uns an der Vorstellung zweifeln, der Mensch sei ein liebendes Wesen, das sein Bestes gibt.

Der Unterschied zwischen einer funktionalen Überlebensstrategie und neurotischer, ungerechtfertigter Angst kann gering sein. Eine Überlebensstrategie, die in einem Zusammenhang zweckdienlich ist, kann in einem anderen Kontext neurotische Angst sein.

Die Kraft der Angst

Um Leid zu vermeiden, versuchen wir, uns von allem zu lösen, was uns bedroht. Und wir verschließen unsere Augen vor der Realität.

Angst ist so eng mit unserem Verhalten und unserer Kultur verbunden, dass es schwierig ist, sie aufzuspüren. Man kann bewusst mit ihr umgehen: Dann sind wir in der Lage, ihr entgegenzuwirken und sie zu eliminieren. Doch damit dies möglich wird, müssen wir uns bewusst machen, wann und wie sie uns steuert. Deshalb folgen hier einige praktische Beispiele für Situationen, in denen eher die Angst die Oberhand hat, nicht die Liebe.

♥ Die Suche nach einem Lebensgefährten und das Zusammenleben machen uns verletzlich. Wir enthüllen unser Innerstes vor jemand anderem, ohne jemals sicher wissen zu können, wie er damit umgehen wird. Viel Zeit und Energie wird darauf verwendet, Fassaden zu errichten, um uns unverletzbar zu machen. Scheidungen sind ein Zeichen dafür, dass es uns nicht gelungen ist, die Liebe und ihre Absichten zu schützen und zu erhalten. Trotz unserer Bemühungen, Gleichberechtigung zu erreichen und zu verstehen, wie wir die Flamme unserer Beziehungen am Brennen halten können, bleibt unsere Gesellschaft ungeordnet. Angeblich ist eine Partnerschaft die größte Herausforderung des Lebens, doch sie ist auch der Teil unseres Lebens, der besonders lehrreich sein kann. Ich bin davon überzeugt, dass Enttäuschungen in diesem Bereich Auswirkungen auf zahlreiche andere Bereiche haben – wie etwa Konsum, Wirtschaft, Politik und Umwelt. Viele Spannungen innerhalb der Gesellschaft könnten gelöst werden, wenn wir die Herausforderung der Partnerschaft reifer annehmen würden.

♥ Im Laufe der letzten Jahrzehnte haben die Kräfte des Marktes tief in unserer Privatleben übergegriffen und – zusammen mit einer Säkularisierung und dem Vertrauen in die Wissenschaft – dazu beigetragen, unsere Partnerschaften zu objektivieren. Die Menschen werden verzichtbar – wir selbst ebenso sehr wie die anderen. Das verringert zwar in gewisser Weise unsere Verletzbarkeit, setzt aber auch den spezifischen Wert jedes Einzelnen herab. Der Postmodernismus hat in besonderem Maße dazu beigetragen, eine Weltsicht zu erschaffen, derzufolge es keine absoluten Werte gibt, alles relativ ist und von der Betrachtungsweise des Einzelnen abhängt. Das stimmt zwar, aber es ist nicht die ganze Wahrheit.

 Es ist normal geworden, Geld zu leihen. Wenn wir nicht kreditwürdig genug sind, um eine Immobilie zu kaufen, werden wir dennoch ermutigt, ein Darlehen für einen neuen Fernseher oder eine Urlaubsreise aufzunehmen. Dieses Verhalten, etwas zu konsumieren, das wir im Augenblick nicht bezahlen können, war vor wenigen Jahrzehnten noch unbekannt. Der aktuelle Trend vergrößert zwar die kurzfristige Freiheit, schränkt aber im Gegenzug unsere langfristige individuelle Freiheit ein – in verdeckter, doch gleichwohl drastischer Weise. Ob wir uns dessen bewusst sind oder nicht: Wir nehmen eine weitere Einschränkung unserer Freiheit in Kauf, indem wir uns selbst ausleben.

 In der Vergangenheit dachten wir häufiger darüber nach, ob das, was wir taten, richtig war, beziehungsweise ob wir uns schuldig fühlen sollten oder nicht. Heutzutage scheinen unsere Gedanken sich mehr darauf zu konzentrieren, ob wir recht haben und Akzeptanz erwarten können. Dies ist mit der Vorstellung vom Eigenwert des Menschen und der Scham verbunden. Schuld kann durch Wiedergutmachung oder Entschädigung gemildert werden. Scham ist in einer tieferen Ebene angesiedelt, wo sie aus einem mangelnden Selbstwertgefühl entsteht. In einer leistungsorientierten Kultur kann man schnell dazu neigen, eine schwach ausgeprägte Selbstachtung durch ein starkes Selbstbewusstsein zu kompensieren, das auf mehr Arbeit und mehr Besitz basiert. Die Täuschung besteht darin, dass ein Mangel an Selbstwertgefühl nicht mit Selbstbewusstsein kompensiert werden kann. Das Ergebnis sind eine innere Leere und ein Gefühl der Entfremdung gegenüber der Außenwelt. Es gibt tatsächlich auch einen absoluten Eigenwert, der anerkannt werden muss.

 Wann immer wir einen anderen Menschen aus Furcht vor Vergeltung täuschen, betrügen wir auch uns selbst und unseren innersten Kern der reinen, gestaltlosen Liebe. Dieser versucht, das Gefühl des Selbstbetrugs zu verdrängen. Dadurch kann eine unterdrückte Selbstverachtung entstehen. Die Täuschung einer anderen Person muss besonders ernst sein, aber wenn sie einen sensiblen Teil unserer Psyche betrifft, kann sie beachtliches Leid auslösen. Die Selbstverachtung kann eine solche Last werden, dass wir sie auf andere abwälzen, sodass wir schließlich sie verachten statt uns selbst. Ein solches Verhalten schwächt unser Selbstwertgefühl nur noch mehr.

 Diese Ausprägung der Angst ist weiter verbreitet, als man vermutet, denn alle Formen der Ablehnung sind in gewisser Weise ein Ausdruck der Selbstverachtung. Ob gewollt oder nicht: Der Zweck besteht darin, die andere Person schlecht zu machen und auf diese Weise eine Trennung zu erzeugen. Der Wunsch, andere Menschen herabzusetzen, geht auf eine Art der Angst zurück, und da Angst nur in zwei Situationen auftreten kann, stellt sich die Frage: Was meint man zu verlieren oder nicht zu bekommen? Was – von offensichtlichen Verlusten abgesehen – auf dem Spiel steht, ist die gegenwärtige Verbundenheit mit der Person, die man schlecht macht. Wer jemand anderen herabsetzt, ist immer in irgendeiner Weise bedroht.

 Manchmal wird diese Methode bewusst bis ins Extrem betrieben, um folgsame Roboter zu erschaffen. Während ihres ersten Ausbildungsjahres in der französischen Fremdenlegion wird die Selbstachtung der Soldaten durch die Beschneidung ihres Eigenwerts vor anderen systematisch zerstört. Danach werden ihr Selbstvertrauen, ihre Selbstsicherheit und die Fähigkeit, ohne Gewissensbisse zu töten, aufgebaut.

 Dank der Massenmedien konnte die Demokratie große Fortschritte in ihrer Entwicklung verzeichnen. Wir müssen wissen, was geschieht, und die zugrunde liegenden Ursachen verstehen. Doch die Frage ist, ob die Medien mit den Entwicklungen Schritt halten können und ob sie uns die Informationen geben, die am nützlichsten sind. Meiner Erfahrung nach erhalten die Medien auch Unzufriedenheit und Polarisierung aufrecht, die dem Fortschritt nicht gut tun. Die Medien brauchen Nachrichten, die auf Angst basieren, um sich zu verkaufen. Zu welchem menschlichen Selbstbild trägt das bei? Außerdem will die Werbung uns mitteilen, dass es Dinge gibt, die wir nicht haben, aber brauchen. Sie konzentriert sich häufig darauf, Unsicherheiten zu schüren oder Bedürfnisse zu wecken – und ein bestimmtes Produkt kann dann Abhilfe schaffen. Unser Ich bekommt mehr Nahrung als erwünscht. Ich selbst ignoriere deshalb seit 15 Jahren sowohl die Tageszeitungen als auch kostenlose Werbeblättchen.

 Es gibt im Schwedischen den Ausdruck „Trygghet till döds", was übersetzt etwa „zu Tode verwöhnen" bedeutet. Auch wenn unsere früheren Überlebensprobleme ziemlich gut gelöst worden sind, folgen wir noch immer denselben Mustern defizienten Denkens und vermeiden es, das existentielle Vakuum zu spüren, das entstanden ist. Ein gewisses Maß an Unsicherheit und Melancholie ist gut für uns. Es entwickelt unsere Fähigkeit, echte Eigenständigkeit aufzubauen. Ich würde wetten, dass kein Mensch jemals bessere Chancen auf Selbstverwirklichung hatte als das Kind, das nach dem Zweiten Weltkrieg im Westen geboren worden ist. Und trotzdem nehmen die Depressionen unter Kindern immer weiter zu. Kinder brauchen Gelegenheiten, um selbst ihre Fähigkeit, sich zu amüsieren, zu entwickeln. Ihnen fertige Lösungen zu präsentieren, untergräbt diese Möglichkeit. Das mag einer der Gründe sein, warum es die sogenannte Generation X, Y oder Z gibt mit ihrer allgemeinen Hoffnungslosigkeit und dem Misstrauen in die moderne Kultur. Es muss einen gewissen Widerstand zwischen den jungen Menschen und der etablierten Kultur geben – doch lernen wir es, diese Spannung auszuhalten?

♥ Wenn unsere Basis nachgibt und Angst die Kontrolle übernimmt, können wir unterschwellig zu Opfern werden. Ein Opfer ist eine Person, welche die Kontrolle über eine Situation verloren hat und keine Verantwortung für ihre Angst übernimmt. Um Selbstbestimmung zu erlangen, gehen viele junge Menschen ins Fitnessstudio: So können sie in ihrer Umgebung Angst verbreiten und „Respekt" einfordern. Und tun nicht viele ältere Menschen dasselbe, wenn auch in etwas subtilerer Weise?

♥ Angeblich wird ein Haussemarkt von Gier gesteuert, ein Baissemarkt von Angst. Auch Gier basiert in erster Linie auf Angst.

♥ Die westliche Kultur hat Alkohol als Mittel legitimiert, um Existenzängste zu betäuben. Andere Drogen sind ebenfalls freigegeben. Alle Drogen sind ein Ersatz für Verbundenheit und Wahrheit. Und die meisten Drogen dämpfen den Liebesimpuls.

Angst kann Menschen auch verbinden. In der Regel sind unsere Freunde uns ziemlich ähnlich. Die meisten von ihnen haben ungefähr dieselben Werte, Gewohnheiten und Verhaltensweisen. Selbst die Figur kann Menschen verbinden. Die Ängste unserer Freunde ähneln häufig unseren. Da wir in etwa dieselben Ängste haben, kann es sein, dass wir sie noch nicht einmal wahrnehmen. Doch es ist tröstlich, wenn wir in der Lage sind, die Weltsicht des jeweils anderen zu bestätigen.

 Man sagt, der Terrorismus sei eine der größten Bedrohungen dieses Jahrhunderts. Er breitet sich über Ländergrenzen hinweg aus, ähnlich wie die Luftverschmutzung. Einige der stärksten Länder des Westens haben ihre Kräfte gebündelt und dem Terrorismus den Kampf angesagt. Und mit welchem Ergebnis? Im Frühling 2008 haben US-amerikanische Analysten eine Reihe von Berichten über die gewählte Strategie veröffentlicht. Sie kamen alle zu dem Schluss, dass die Anzahl der Terroristen seit dem 11. September 2001 deutlich gestiegen ist, sich vielleicht sogar verfünffacht hat. Überrascht das jemanden? Wenn die stärksten Nationen sich zusammentun, um größere Gewalt in die arabische Welt zu bringen – kann daraus etwas anderes entstehen als eine negative Spirale? Die Berichte stimmten darin überein, dass die Einstellungen und Methoden geändert werden müssen. Die Entschuldigung, dem Mittleren Osten die Demokratie zu bringen, zieht nicht mehr. In Schweden gibt es ein Sprichwort, dessen freie Übersetzung besagt: „Du kannst ein Kind schlagen, damit es weint, aber nicht, damit es singt." Und mit Krieg kann man keinen Frieden herbeiführen. Es gibt für den Einzelnen heutzutage so viele Möglichkeiten, die Gesellschaft zu sabotieren, dass wir es uns nicht leisten können, dass die Angst weiterhin um sich greift.

 Eines der ärmsten Länder der Welt hat mehrere Atomtests durchgeführt. Sich bedroht fühlen und mächtig sein – das ist eine gefährliche Kombination.

Diese Beispiele sollten ausreichen, um eine Entwicklung zu rechtfertigen, die auf mehr Liebe basiert. Doch es ist nicht möglich, die Dunkelheit auszulöschen. Also lasst uns fortfahren und darüber nachdenken, wie wir für mehr Licht sorgen können!

Liebe

Die Ausrichtung der Liebe
*Liebe ist unsere angeborene Sehnsucht
nach Verbundenheit und Wahrheit.*

Unser Ursprung ist die völlige Einheit, ein „unbewusstes Bewusstsein", in dem wir mit allem und jedem eins sind. Doch wenn wir uns selbst und die Welt erleben, werden wir als Individuen unabhängiger. Durch unseren Egoismus und indem wir herausfinden, wer wir sind, gestalten wir eine einzigartige, persönliche Geschichte – und indem wir einzigartig sind, schaffen wir auch Trennung. Doch trotzdem bleibt die Sehnsucht nach unserer ursprünglichen Einheit mit dem Universum bestehen, wir suchen nach Freunden und Partnern. So entwickeln wir uns gleichzeitig in zwei entgegengesetzte Richtungen.

Die menschliche Verbundenheit ist die größtmögliche Nähe, die wir in unserem sterblichen Leben hinsichtlich des Einheitsbegriffs erreichen können. Außerhalb des irdischen Reichs können einige von uns auch eine erweiterte und spirituelle Erfahrung wahrnehmen, in der sie eins sind mit dem Universum oder Gott. Liebe beinhaltet die Existenz von Verbundenheit, selbst angesichts der Ungleichheit, und kann verschiedene Wahrheiten umfassen – sowohl subjektive als auch objektive. Wie ausgeprägt können wir selbst sein, ohne das Verbundenheitsgefühl einzubüßen, das wir mit einer anderen Person teilen? In diesem Spannungsfeld wachsen wir auf.

Liebe, Verbundenheit und Wahrheit bedingen sich gegenseitig. Wenn eines dieser Elemente existiert, gibt es auch die beiden anderen. Fehlt eines, sind auch die beiden anderen nicht vorhanden.

Liebe ist unsere angeborene Sehnsucht, Verbundenheit mit jedermann zu spüren und Wahrheit in allem zu finden. Sie wirkt wie eine Anziehungskraft. Wer liebt, hat den Mut, alles und jeden anzunehmen. Das Ziel ist dabei nicht zu bekommen, sondern geben zu können. Jede Lebenssituation bietet Möglichkeiten, der Welt unsere Begabung zuteil werden zu lassen. Zu geben, ohne etwas als Gegenleistung zu erwarten. Das Paradox besteht darin, dass wir, wenn wir auf diese Weise geben, im Gegenzug ein Gefühl der Verbundenheit haben.

Einige Analogien aus anderen Zusammenhängen können ein nützliches philosophisches Verständnis der drei Perspektiven vermitteln:

	Liebe	Verbundenheit	Wahrheit
Grammatik	ich	wir	es
Platon	Ästhetik	Ethik	Wissenschaft
Antike Kunst der Rhetorik	Pathos	Ethos	Logos
Ken Wilber, integrale Theorie	subjektiv	intersubjektiv	objektiv
John Adair, Managementguru Bengt Jacobsson, Philosoph John Adair, Managementguru Alfred N. Whitehead, Philosoph, Kyudo, japanisches Bogenschießen	der Einzelne Bewegung der Einzelne Kreativität Schönheit	das Team Nähe das Team viele Güte	die Aufgabe Ganzheit die Aufgabe einer Wahrheit
Buddhismus	Erleuchtung	Mitgefühl	Wahrheit
Falun Dafa, chinesisches Qi Gong	Nachsicht	Aufrichtigkeit	Wahrhaftigkeit
Hippie-Bewegung der 1970er Jahre	Liebe	Friede	Verständnis
Geisteswissenschaften	Psychologie	Kultur	Soziologie

Die Götter der Liebe

Ursprüngliche Liebe ist gestaltlos. Sie nimmt je nach unseren Bedürfnissen unterschiedliche Formen an.

In der antiken griechischen Mythologie gab es mehrere Götter, die verschiedene Ausdrucksformen der Liebe verkörperten. Sie können uns helfen, auch unsere Symbole zu erweitern.

Agape. Die vollkommene, allumfassende und bedingungslose Liebe – eine gemeinschaftliche Liebe

Eros. Die berühmteste der Liebesgottheiten. Häufig wird Eros mit der körperlichen Liebe gleichgesetzt. Doch Wissbegier und Lebenswille sind ebenso wichtige Eigenschaften. Die individuelle Sehnsucht, Agape zu erleben.
Philia. Brüderliche oder schwesterliche Liebe, enge Verbindungen mit viel Bewegungsfreiheit.
Storge. Elterliche und familiäre Liebe.
Thelema. Die Lust zu handeln.

Liebe ist in allen Zusammenhängen zu finden. Alles, was wir positiv erleben, kann als ein Ausdruck der Liebe angesehen werden.

Privat, gesellschaftlich und spirituell
Es gibt zahlreiche alltägliche Ausdrucksformen der Liebe. Ihr Ursprung ist spirituell.

In unserer westlichen Kultur sprechen wir meist über die romantische Liebe zwischen Partnern. Sie kommt zu uns, wann sie möchte, und verschafft uns manchmal die wunderbaren Gefühle, nach denen wir uns sehnen. Unglücklicherweise entzieht sie sich unserer Kontrolle. Wir reden auch zunehmend über die sexuelle Anziehung ohne Verpflichtung. Wir haben Möglichkeiten geschaffen, unser körperliches Verlangen nach sexueller Intimität ohne starke romantische Liebe zu befriedigen. Vielleicht gibt es da eine Verbindung zu der Tatsache, dass in meiner Stadt,

Stockholm, mehr Singles leben als in irgendeiner anderen Hauptstadt der Welt. Innerhalb der Familie zeigt Liebe sich oft als Freundlichkeit, Fürsorge und Harmonie. Da wir uns alle so sehr nach romantischer Liebe, einfallsreichem Sex und der Sicherheit in der Familie sehnen, offenbaren wir unsere Unzufriedenheit der schonungslosen Ausbeutung durch die Kräfte des Marktes.

In unseren gesellschaftlichen Beziehungen sprechen wir in der Regel nicht über Liebe als Naturgewalt im alltäglichen menschlichen Miteinander. Viele Menschen denken, Liebe sei ein zu großes Wort, als dass man es in solch banalen Zusammenhängen verwenden sollte. Die positiven Kräfte als Ausdruck der Liebe zu beschreiben, ist in einer rationalen Gesellschaft nicht angemessen. Altruismus – die Uneigennützigkeit, bei der die Bedürfnisse anderer vor die eigenen gestellt werden – wird nicht besonders hoch geschätzt und wirkt sogar etwas naiv. Inzwischen vertrauen die Menschen immer stärker den Kräften des Marktes als Lösung für gesellschaftliche Probleme. Man könnte also sagen, dass wir die Liebe nach außen verlagert haben und stattdessen Begriffe bevorzugen wie Gleichheit, Solidarität und Gerechtigkeit. Wenn die Gesellschaft den guten Willen zur Formsache macht und „Ressourcen zuweist", die ihn realisieren, fühlt sich das nicht unangenehm aufdringlich an; so wird unser Wunsch nach Mitgefühl berücksichtigt, während uns das Private und Verletzliche – das Gefühlsbetonte – erspart bleiben.

Liebe ist ihrem Wesen nach ideell und reicht weit über den Horizont des Verstands hinaus. Innige, geistige Liebe geht deutlich tiefer als die oben beschriebenen Alltagsformen. Wenn alles andere unpassend zu sein scheint, bietet sie Trost und Hilfe.

Albert Einstein sagte einst, ein Problem könne nicht auf derselben Ebene gelöst werden, auf der es entstanden sei. Wir müssen eine Ebene höher steigen. Die Menschheit kann auf vier Prinzipien zurückgreifen, um zwischenmenschliche Probleme zu lösen: körperlich, emotional, mental und geistig. Die einfachste dieser Möglichkeiten ist der körperliche Lösungsansatz. Wenn wir keinen Erfolg haben, können wir über die Emotionen kommunizieren. Die nächste Stufe sind rationale Ideen, wie man eine gemeinsame Lösung finden kann. Und der vierte Schritt besteht darin, die drei anderen zu umgehen und zu tun, was getan werden muss, um Verbundenheit und Wahrheit über die Liebe zu erreichen.

Wir müssen die geistige Ebene erreichen, um viele unserer persönlichen oder globalen Herausforderungen zu bewältigen. Um jene Form der Liebe geht es letztlich auch in diesem Buch.

Spirituell oder religiös

Das Spirituelle ist die persönliche Erfahrung dessen, was größer ist als wir selbst. Religion ist unsere Interpretation des Spirituellen, gegossen in kollektive Normen.

Einer meiner Ingenieur-Kollegen konnte die Botschaft von Angst und Liebe schwer akzeptieren. In seinen Ohren klang das zu religiös. Also erklärte ich ihm meine Ansicht über den Unterschied zwischen dem „Spirituellen" und dem „Religiösen". Sein Gesicht hellte sich sofort auf, und er sagte: „Jetzt ist mir alles klar! Jetzt ist mir alles klar!"

Dieses Buch hat tatsächlich überhaupt nichts mit Religion zu tun, doch es gibt wichtige Ähnlichkeiten. Für mich ist die spirituelle Erfahrung immer individuell und persönlich. Es gibt keine Verpflichtungen von oben, nur die Gelegenheit zu entscheiden, ob wir die Verantwortung für das übernehmen, was wir tun. Das Gegenteil davon ist, ein Opfer der Umstände zu werden. Gleichzeitig gibt es eine Gnade, die uns alle Fehler vergibt. Es liegt an jedem Einzelnen von uns, unser Potential als Menschen zu erkunden und den Antworten zu lauschen, die entweder in uns selbst existieren oder an uns herangetragen werden. Dafür verlassen wir uns eher auf unser Gefühl als auf die Gedanken.

Das Ziel der Religion besteht darin, die Natur dieser spirituellen Kraft zu interpretieren und in Worte zu fassen. Das Christentum hat im Laufe der Jahrhunderte viel Gutes getan. So hat es zum Beispiel zum Fortschritt beigetragen, indem es das Bildungsniveau angehoben und

Strukturen innerhalb der Gesellschaft errichtet hat. Religionen hatten das Potenzial, eine sehr wichtige soziale Funktion zu übernehmen. Doch zumindest in Europa verliert das Christentum an Boden. Hier einige der möglichen Gründe dafür:

 Die wissenschaftliche Tradition hat inzwischen das Vorrecht der Interpretation inne. Per definitionem basiert sie stärker auf der Realität. Außerdem hat sie uns materiellen Wohlstand verschafft. Die christliche Weltanschauung und das mystische Gottesbild standen vielleicht im Einklang mit der etwa im 17. Jahrhundert vorherrschenden Kultur, als Staat, Wissenschaft und Kirche voneinander getrennt wurden; und während das Christentum an seinem Weltbild festhielt, war die Wissenschaft frei, ihre eigenen modernen Wahrheiten zu entwickeln. Die postmoderne, relativistische Tradition, welche die moderne, wissenschaftliche ablöste, lehnt Spiritualität ebenfalls ab, insbesondere Spiritualität als Norm.

 Alle Religionen vermitteln eine Botschaft der Liebe, doch ihre Anhänger haben häufig nur begrenzte Fähigkeiten, diese in die Praxis umzusetzen. In Schweden beispielsweise zeigen Politiker mit einer Verbindung zum Christentum häufig ein größeres Interesse an kurzzeitigen wirtschaftlichen Lösungen als an der Zukunft der Umwelt.

Die Geschichte der Christen ist durchsetzt von Handlungen, die heutzutage unvertretbar sind. Während die Gesellschaft im Allgemeinen immer mehr verschiedene Minderheiten mit einbezieht und eine ausgeprägtere Demokratie zwischen den Geschlechtern erreicht hat, verzichtet das Christentum widerstrebend auf ein Prinzip nach dem anderen. Für immer mehr Menschen wird offenbar, dass das Christentum in mancherlei Hinsicht eine untragbare Doppelmoral vertritt und in der Praxis für viele der zeitlosen Wahrheiten, die es zu vertreten behauptet, nicht eingetreten ist. So wurde auch das Arbeitsumfeld der schwedischen Kirche offen kritisiert.

 Beim Theodizee-Problem geht es darum, inwiefern die Vorstellung eines allmächtigen Gottes in Einklang mit der aktuellen Lage der Welt gebracht werden kann. Unglücklicherweise hat sich auf dieser Grundlage eine Diskussion entwickelt, die meiner Ansicht nach sehr oberflächlich ist. In der Regel wird behauptet, das es entweder einen biblischen Gott gibt oder überhaupt keinen. Doch möglicherweise existiert in unserem Inneren ein Gott – oder eben nicht. Unabhängig davon, ob wir an eine Gottheit glauben, muss jeder von uns Verantwortung für das übernehmen, was er tut. Damit möchte ich sagen, dass ein Erwachsener die Last der Verantwortung für ein gutes Leben nicht auf Gott abwälzen kann.

Die Kirche spricht über die Erbsünde. Aber wohin führt es, wenn man jungen Menschen erzählt, dass sie definitionsgemäß sündig sind? Das bedeutet doch, dass sie keine Chance haben! Das entspricht genau meiner Beschreibung der Ausbildung der französischen Fremdenlegionäre, die vor ihren Vorgesetzten und Kollegen gedemütigt werden, um ihre Selbstachtung zu zerstören.

Sündigen bedeutet, mein Ziel als Mensch zu verfehlen.

Ich halte mich für eine rationale Person, doch es war mir ein großer Trost, von den Naturreligionen zu hören, von vorreligiöser Mystik, Buddhismus, der hinduistischen Veda-Tradition und den Standpunkten der Quantenphysiker. Es war faszinierend, viele Analogien zwischen diesen unterschiedlichen Ansätzen zu entdecken; zugleich ist auch klar geworden, dass die Triebfeder der Kreativität die Sehnsucht ist, die jenseits dessen liegt, was rational motiviert ist. Nur wenn ich meine tiefen Gefühle für das Gute finden kann, ist es mir problemlos möglich, die Energie aufzubringen, für die Erkenntnisse einzustehen, die ich über die Wahrheit zu haben glaube – hoffentlich mit gleichzeitiger Neugier für die Wahrheit der anderen.

Irgendwo habe ich gelesen, dass es 34.000 verschiedene Ausprägungen des christlichen Glaubens beziehungsweise Glaubenssysteme gibt. Unabhängig davon, ob diese Zahl genau stimmt oder nicht, frage ich mich, ob dadurch Verbundenheit oder Trennung erreicht wird. Natürlich sollten wir aus der Geschichte lernen und Inspiration holen, doch sollten wir nicht auch vorsichtig sein, auf der Grundlage unserer eigenen Interpretationen Dogmen zu formulieren? Trotz dieser Skepsis möchte ich nicht schmälern, was wir umgangssprachlich als das Spirituelle bezeichnen – das, was sich jeder Beschreibung entzieht. Im Gegenteil: Ich möchte es wiederherstellen! Es ist die Grundlage unserer Selbstachtung, des menschlichen Zusammenlebens und der Kreativität.

Religionen sind ebenso wie dieses Buch von Menschen gemacht. Es liegt immer an uns, wachsam zu bleiben, zu studieren, auszuprobieren und in die Praxis umzusetzen.

Das Feminine und das Maskuline
Es gibt zwei universelle Prinzipien, die überall in der Natur vorkommen.

Die Geschlechterdiskussion hält nun schon seit mehreren Jahrzehnten an. Wir sprechen über Einheit, Rechte oder männliche und weibliche Eigenschaften. Sind wir gleich oder unterschiedlich? Sind unsere Merkmale angeboren oder angeeignet? Der gesellschaftliche und politische Wille zur Veränderung ist beachtlich; zugleich können die Erwartungen sowohl vage als auch widersprüchlich sein. Obwohl die Diskussion nun schon so lange anhält, haben wir meiner Meinung nach noch keine guten Modelle gefunden, auf deren Basis wir aufeinander zugehen können. Möglicherweise können die Begriffe „feminin" und „maskulin" weiterhelfen.

Versuchen Sie einen Augenblick, die traditionellen Konzepte der Geschlechterrollen von Mann und Frau unberücksichtigt zu lassen. Stellen Sie sich stattdessen vor, dass es zwei universelle Prinzipien gibt: das Feminine, das sich darum bemüht, alles zu einem großen Ganzen zu vereinen, eine Synthese herzustellen; und das Maskuline, das versucht, die Teile vom Ganzen zu trennen, so dass sie analysiert und am effektivsten gefiltert werden können. Natürlich hat jeder in seiner Persönlichkeit sowohl feminine als auch maskuline Elemente, doch in unterschiedlichen Proportionen. Bei den meisten heterosexuellen Paaren gibt es eine Frau, die hauptsächlich feminin ist, und einen Mann, der vorrangig maskulin ist – auch wenn es in unserem Alltag Aspekte gibt, die dem gegensätzlichen Muster folgen. Homosexuelle Paare haben im Allgemeinen dieselbe Rollenzuweisung. Die Rollen können auch vertauscht werden beziehungsweise bei einem oder beiden Partnern neutral sein.

Ausdrucksformen des Femininen und des Maskulinen folgen völlig unterschiedlichen Wegen.

Die beiden Gehirnhälften sind entsprechend unterteilt. Es mag etwas rätselhaft sein, wie die Funktionen aufgeteilt sind, doch es gibt eine eindeutige Gemeinsamkeit, die darin besteht, dass die rechte Hälfte das Ganze sieht und Empfindungen hat, während die linke Hälfte sich eher um die Einzelheiten kümmert und rational denkt.

Der feminine Aspekt strebt konstante Liebe und Vielfalt an. Er kann sich ganz entfalten, wenn er Bestätigung und

Ermutigung bekommt. Wenn eine feminin inspirierte Person ein leeres Regal sieht, möchte sie es mit schönen Gegenständen füllen. Manchmal wird die Schale als Symbol für diesen Anteil verwendet, der alle und jeden mit einbezieht.

Der maskuline Aspekt sucht nach Freiheit durch Problemlösung. Herausforderungen und Widerstand spornen ihn an. Außerdem unterscheidet er zwischen Gut und Böse, ob etwas funktioniert oder nicht. Er analysiert die Situation, wählt einen Weg und führt Veränderungen herbei. Wenn die maskulin inspirierte Person ein leeres Regal sieht, kann sie es befreiend finden, keine Menge an nutzlosen Gegenständen zu besitzen, die sie im Auge behalten muss. Gelegentlich gilt das Schwert als Symbol der Teilung und Richtung.

Das Feminine möchte alle in die Gruppe einbeziehen, mit immerwährender Kommunikation und Harmonie. Fehlt die Harmonie, ist das stets ein Drama, denn das Wichtige ist, dass die Beziehung weiter funktioniert. Zu spüren, was vor sich geht, ist deutlich wichtiger, als es zu verstehen und mögliche Probleme zu lösen. Eine Beziehung zu beenden, ist ebenso attraktiv wie der Tod – denn an diesem Punkt endet das Leben.

Das Maskuline reduziert das Leben gerne auf ein Fußballfeld mit festgelegten Regeln. Nach zwei Halbzeiten von jeweils 45 Minuten Dauer weiß dieser Typ Mensch, wer gewonnen und wer verloren hat. Ein weiteres Problem wurde gelöst. Er kann sich befreit fühlen, bis ein neues Problem aufkommt, das gelöst werden muss. Ein Unentschieden kann sich wie eine Last anfühlen, die er mit sich herumträgt. Im Allgemeinen strebt dieser Mensch in seinem Leben das Gefühl an, mit der uneingeschränkten Freiheit zu spielen: dem Tod. Ein schnelles Auto fahren, sich beim Sport messen, vielleicht auch bei einer extremen Kampfsportart einander krankenhausreif schlagen. Und wenn der Sieger verkündet wird, können die beiden Gegner zugleich ein starkes Gefühl der Verbundenheit haben und sich für ihren Mut loben, sich ihren Ängsten gestellt zu haben.

Das Feminine drängt danach, alles und jeden zu lieben. Lasst uns zum Guten vereinen! Das Maskuline hingegen sagt: Respektiert, was wahr ist, und entscheidet Euch für das, was funktioniert!

Zahllose Konflikte – insbesondere zwischen Männern und Frauen – entstehen, wenn die unbewusste Suche nach dem Guten mit der unbewussten Suche nach der Wahrheit aufeinanderprallt. Von diesen gegensätzlichen Perspektiven aus zu streiten, wird niemals zu einer Einigung führen! Dies ist ein allgemein anerkannter Grundsatz der Philosophie. Können Sie Analogien mit der Struktur Liebe – Verbundenheit – Wahrheit finden, wie sie in dem Kapitel „Die Ausrichtung der Liebe" weiter oben beschrieben wird?

Da der maskuline Mensch denkt, er habe die Funktionalität und eine Art der ewigen Wahrheit gefunden, legt er gelegentlich Unnachgiebigkeit an den Tag. Ist er unsicher oder verwirrt, kann er sich auch abschotten und vorübergehend gefühllos werden. Auf jeden Fall fühlt sich der Maskuline von der femininen Flexibilität frustriert, sich den aktuellen Emotionen hinzugeben. Er interpretiert diesen Wechsel in der Gefühlslage eventuell fälschlicherweise als Lüge. Eine Erkenntnis, die der maskuline Mensch vollkommen verdrängen kann. Ein Taxifahrer indischen Ursprungs erzählte mir hier in Stockholm von den drei unberechenbaren Ws: work, weather, women – also Arbeit, Wetter und Frauen; man weiß nie, woran man ist!

Das feminine Element hat von Natur aus Probleme damit, etwas aufzuteilen, insbesondere Liebe – denn schließlich ist alles Liebe, und die wichtigste Funktion der Liebe besteht darin, zu vereinen und zusammenzuführen!

Sie sollten allerdings nicht vergessen, dass Männer und Frauen beide Aspekte aufweisen. Jeder kann sich jederzeit frei entscheiden, welche Mischung ihm die beste zu sein scheint.

Wenn Männer und Frauen nicht wissen, wie sie zueinanderfinden sollen, mache ich immer wieder dieselbe Beobachtung. Frauen beginnen, sich miteinander zu unterhalten, während die Männer die Frauen umkreisen wie einsame Planeten. Ich will nicht sagen, dass es andersrum sein sollte, doch warum ist das so?

Ich möchte Ihnen von einem perfekten Beispiel für den Unterschied zwischen dem Femininen und dem Maskulinen erzählen, in Beziehungen und bei Problemen. Vor einigen Jahren war ich einmal alleine in einem Café. Am Tisch hinter mir saßen zwei Frauen, die sich über ihre letzten Erlebnisse unterhielten. Eine erzählte der anderen, sie wisse nun, was das Wort „snog" im Norwegischen bedeute.

Okay, dachte ich bei mir, nun lerne auch ich ein neues Wort auf Norwegisch. Doch ihre Freundin antwortete: „Wer hat dir das denn verraten?" Der maskuline Teil in mir fragt sich noch heute, was das norwegische Wort „snog" wohl bedeuten mag.

Gefühle kommen und gehen. Sie können nur im Hier und Jetzt erlebt werden. Wenn wir uns auf Emotionen beziehen, die wir gehabt haben oder in Zukunft möglicherweise haben werden, denken wir an sie. Das Feminine schätzt den Augenblick, während das Maskuline an der Analyse dessen interessiert ist, was geschehen ist, und die Zukunft plant. Der feminine, emotionale Charakter mag sich deshalb verloren fühlen, wenn er von maskuliner Rationalität umgeben ist. Erfahrung und Motivation basieren zugegebenermaßen auf Emotionen der Gegenwart, doch ohne Gedanken wären wir in der Zukunft hilflos.

Die beiden Wesen werden auch erkennbar, wenn es um die Gestaltung eines Hauses geht. Der maskuline Part legt Wert darauf, ein funktionales Haus zu haben, das vor den verschiedenen Witterungsverhältnissen und ungebetenen tierischen Gästen schützt, oder wird eine Wohnung renovieren, während der feminine Part sich um die Ausschmückung kümmert, das Schöne sucht und für Gemütlichkeit sorgt.

Ein altes Sprichwort der Indianer besagt, dass die Rolle der Mutter darin besteht, ihr Baby stets in ihrer Nähe zu haben, sodass es ein Zugehörigkeitsgefühl entwickeln kann. Die Rolle des Vaters ist es, das Baby auf den Gipfel des höchsten Berges mitzunehmen und ihm die Welt zu zeigen. Noch einmal: Es geht hier um feminine und maskuline Prinzipien, nicht um stereotype Geschlechterrollen.

Bei unseren Bemühungen, zu sein, wie es unserem Innersten entspricht, ändern wir ständig unser Verhalten. Das Schwingen des Geschlechterpendels ist ein wichtiger Aspekt dieses Vorgangs. Wie können wir uns jederzeit frei und liebend entscheiden?

Den meisten von uns ist bewusst, dass es viele männliche Führungspersonen mit verzerrter oder unausgewogener maskuliner Führungsweise gibt. Mehr als wir uns eigentlich leisten können. Das geht so weit, dass maskuline Macht oftmals mit Unterdrückung und Negativem gleichgesetzt wird. Infolgedessen wird dem Femininen bevorzugt das Deutungsrecht gegeben, wenn es um Liebe geht. Ich habe einmal einen Rhetorikkurs bei einer Frau besucht, die engagierte Feministin war. Eine meiner Aufgaben bestand darin, das Wort „Macht" zu definieren, das eindeutig eine maskuline Konnotation hat. Ich gelangte zu zwei unterschiedlichen Interpretationen. Eine lautete: Macht ist die Fähigkeit, Menschen gegen ihren Willen zu benutzen, also eine negative Kraft. Die andere Definition war: Macht ist die Fähigkeit, eine anspruchsvolle Herausforderung zu bewältigen – eine positive, nicht unterdrückende Kraft, wie in der Formulierung „es liegt in meiner Macht, etwas zu tun". Die Kursleiterin akzeptierte nur meine erste Interpretation. Sie steht mit ihrer Meinung über das Maskuline nicht allein. Doch es versteht sich von selbst, dass die maskuline Macht auch positiv interpretiert werden kann.

> *Wenn die Macht der Liebe die Machtliebe überwindet, wird es Frieden auf Erden geben.*
>
> Jimi Hendrix

Wenn Sie tiefer in dieses Thema einsteigen wollen, bieten Ihnen die Bücher von Ken Wilber und David Deida eine exzellente Orientierungshilfe. Beide erörtern antike Weisheiten, die bis Platon zurückreichen, aber auch von Kant und anderen Philosophen stammen, und stellen die Verbindung zur zeitgenössischen Philosophie her.

Heute sind es meiner Ansicht nach in erster Linie Männer, die sich der Herausforderung stellen, einen tiefgehenden Kontakt zu ihrer Liebe herzustellen und diese deutlich zum Ausdruck zu bringen. Viele gute maskuline Beispiele sind erforderlich. Ich bin überzeugt, dass diese Herausforderung unsere Kultur und das Leben von Männern und Frauen zu ungeahnten Höhen führen kann. Die Männer können das nicht allein. Die Frauen müssen da sein, um sie zu unterstützen und herauszufordern, eine positive maskuline Macht zu entwickeln.

Das Immanente und das Transzendente

Es gibt zwei universelle Prinzipien, die dem Femininen und dem Maskulinen ähneln.

Jenseits des Gegensatzpaares Feminin-Maskulin gibt es noch eine andere Möglichkeit, die Welt zu betrachten: anhand von Persönlichkeitstypen. Beginnen wir damit, zwischen unserem pragmatischen und mystischen Wesen zu unterscheiden. Der pragmatische Anteil der Persönlichkeit kann mit einem Autopiloten verglichen werden. Er führt den Menschen durch die Routine des Alltags, lässt ihn aufstehen, frühstücken und sorgt dafür, dass er zur Arbeit geht, ohne dass er viel fühlen oder denken muss. Sobald diese alltäglichen Aspekte des Lebens abgedeckt sind, macht sich möglicherweise der mystische Anteil der Persönlichkeit bemerkbar. Dann beginnt man, tiefergehend über die Dinge nachzudenken, und sich möglicherweise bedeutsame Fragen zu stellen oder über das Mysterium der Schöpfung zu sinnieren. Es gibt zwei Arten von Mystik – die immanente und die transzendente –, und sie ähneln ihrem Wesen nach dem Femininem und dem Maskulinen.

Die immanente Mystik leitet die Freude aus dem Leben im Hier und Jetzt ab. Auch wenn es einige Unvollkommenheiten gibt, funktionieren die meisten Dinge ziemlich perfekt, und deshalb wird alles gut laufen. Es gibt bereits einen Himmel auf Erden! Die Ähnlichkeiten mit dem femininen Aspekt sind offensichtlich.

Das Transzendente sieht, was besser sein könnte, ist sich des Potenzials bewusst und strebt es an. Es gibt noch keinen Himmel auf Erden, aber es sollte ihn geben! Dieser Zustand kann von Angst beherrscht sein, kann aber auch einen kreativen Wandel herbeiführen. Erkennen Sie die Übereinstimmungen mit dem maskulinen Aspekt?

Es ist wichtig, beim Immanenten verweilen zu können und auf der Grundlage seiner Zufriedenheit und Dankbarkeit zu handeln, aber dennoch die Herausforderungen des Transzendenten anzunehmen. Wenn es nur das Immanente gibt, bleibt die Liebe gestaltlos und ihr Potenzial ungenutzt. Das transzendente Verlangen möchte der Liebe Gestalt und konkreten Ausdruck verleihen.

Der jüdische Davidstern ist das Symbol für die Beziehung zwischen dem Irdischen und dem Weltlichen. Er besteht aus zwei Dreiecken, deren eine Spitze nach oben, die andere nach unten zeigt. Ersteres steht für die Bemühungen der Menschheit und des Eros, das materielle Leben zu himmlischen Höhen zu führen. Das Letztere hingegen zeigt, wie das Spirituelle – Agape – nach Verkörperung durch die Menschen auf dieser Erde strebt. Diese beiden Phänomene bilden ein Gegensatzpaar.

Das innere Wachstum

Man wächst, um zu geben

Wo Liebe ist, sind Wahrheit und Verbundenheit.
Die Gegensätze sind Angst, Unwahrheit und Trennung.
Diese Erkenntnis führt zu kontinuierlichem Wachstum.

Ich glaube, dass der Sinn des Lebens darin besteht, der Welt unser Talent zu schenken, zu geben statt zu nehmen. Jeder von uns hat eine einzigartige Begabung, und deshalb sind wir alle wichtig – jeder Einzelne von uns. Wenn wir unsere Talente vollständig zur Verfügung stellen wollen, müssen wir uns zunächst den Ängsten stellen, die uns im Weg stehen. Wenn wir unsere Liebe schenken, erreichen wir das gute Leben. Wohlstand bezieht sich nicht darauf, wie viel Sie besitzen oder wissen, sondern darauf, was Sie zu teilen bereit sind.

In den vorangegangenen Kapiteln werden das Wesen und die Ausdrucksformen von Angst und Liebe beschrieben. Nun wenden wir uns den praktischen Möglichkeiten zu, die Ihnen offen stehen. Der Übergang von der Angst zur Liebe findet in der Interaktion zwischen

> *Sie scheitern mit Ihrer Liebe nicht, wenn Sie zurückgewiesen, betrogen oder scheinbar nicht geliebt werden. Liebe scheitert, wenn Sie selbst zurückweisen, betrügen oder nicht lieben.*
>
> **ADI DA**

Ihrem Innersten und dessen Abbild in der äußeren Welt statt. Damit will ich sagen, dass Ihre Emotionen und Gedanken zu Handlungen führen, die Auswirkungen auf Ihre Umwelt haben. Nur wenn Sie sich bewusst sind, was in Ihrem Inneren geschieht, können Sie auf diesen Vorgang einwirken.

Was wollen Sie WIRKLICH?

Es hängt also alles von Ihrem Innenleben ab. Bevor Sie zu einer glücklichen Welt beitragen können, müssen Sie Kontakt zum Glück in Ihrem Inneren aufnehmen. Erst wenn Sie selbst Liebe, Verbundenheit und Wahrheit spüren, können Sie anderen helfen, dasselbe zu erleben.

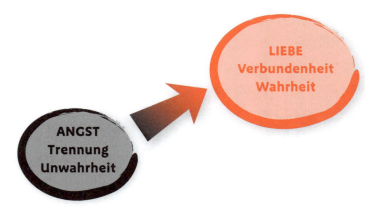

Wenn Sie eine Distanz zwischen sich und einem anderen Menschen spüren oder eine Wahrheit existiert, die nicht ganz ausgesprochen ist, gibt es auch Angst.

Wenn Sie Verbundenheit mit einem Menschen spüren und all Ihre unterschiedliche Wahrheit nebeneinander existieren können, ist Liebe da. Wenn ein Aspekt fehlt, gibt es Angst. Angst und Liebe sind allgegenwärtig, doch normalerweise dominiert eines von beidem. Die stärkere dieser Emotionen beeinflusst Ihre Motivation und folglich auch die Strategie, die Sie wählen.

Bevor Sie einen Schritt vorwärts wagen, sollten Sie in Ihr Innerstes blicken.

Das Einzige, das wir fürchten müssen, ist die Angst.
FRANKLIN D. ROOSEVELT

Werfen wir nun einen genaueren Blick auf die innere Entwicklung, mit deren Hilfe Sie ein tieferes Abenteuer erleben und mehr Spaß an Ihrer Reise von der Angst zur Liebe haben werden.

Die Richtung des Wandels

Liebe ist intelligent. Es gibt eine natürliche Richtung des Wandels. Liebe sensibilisiert die Sinne und ist eine Vorbedingung für Veränderung.

Wenn Sie erwachsen werden, durchlaufen Sie verschiedene Entwicklungsstadien. Bei der Geburt waren Sie egozentrisch. Allmählich konzentrierten Sie sich auf eine Gruppe und konnten sich für die anderen Mitglieder Ihrer Familie interessieren. Als Sie älter wurden, konnten Sie immer größere Gruppen mit einbeziehen. Wenn Sie im Laufe Ihres Lebens keine Angst davor entwickeln, können Sie schließlich die Welt in den Fokus stellen. Diese Stadien entsprechen Ihrer Fähigkeit, die Welt in Ihr Bewusstsein einzubeziehen und Liebe zu geben. Unabhängig vom jeweiligen Stadium werden Sie gelegentlich zur vorigen Phase zurückkehren, wenn Sie sich hinreichend herausgefordert oder bedroht fühlen. Dies ist ein natürlicher Entwicklungsablauf all unserer Begabungen und Fähigkeiten. Wenn wir keine Angst haben, fügen wir unseren bisherigen Fähigkeiten eine neue hinzu. Stehen wir unter Druck, verzögert sich unsere Entwicklung und wird möglicherweise sogar umgekehrt.

Natürlich gibt es individuelle Beschränkungen und Kombinationen von Talenten. Dennoch existieren unbegrenzte Möglichkeiten, die jeweils eigenen Fähigkeiten einer Person zu erweitern.

Niemand hat das Glück, die „richtige" Erziehung und Vorbereitung auf das Leben zu bekommen. Es liegt an Ihnen, das Beste aus Ihrer persönlichen Ausgangssituation zu machen. Jede Herausforderung ist eine Gelegenheit, etwas zu lernen. Entscheidend ist nicht, welche Karten wir ausgeteilt bekommen, sondern wie wir sie spielen.

Sie müssen das grundlegende Vertrauen haben oder entwickeln, dass die Welt gut ist. Andernfalls werden Sie nicht in der Lage sein, konstruktiv zu lernen. Als Kinder vertrauen wir auf Erwachsene, damit diese unser Bedürfnis nach Überleben und Wachstum befriedigen. Als Erwachsene ist es größtenteils uns selbst überlassen, dieses Wachstum beizubehalten.

Unsere größten Schwächen sind häufig das Wertvollste, was wir haben. Suchen Sie in Ihrem Inneren nach den wichtigsten ungelösten Emotionen. Es ist wahrscheinlich, dass das, was für Sie am wichtigsten ist, auch ihre verletzlichste Seite ist. Diese muss vor möglichem Schaden durch die Außenwelt geschützt werden. Im Laufe der Zeit kann dieser Schutz sich zu einem Knoten verfestigt haben. Wenn Sie ihn lösen können, setzen Sie große Mengen an Energie und Kreativität frei. Können Sie sich Ihr inneres Wesen vergegenwärtigen? Und wagen Sie es, die endlosen Möglichkeiten zu erkennen, die auf Sie warten?

Auch bei Paarbeziehungen gibt es drei Stadien. In der ersten Phase denken wir nur an uns selbst. Allmählich wird uns bewusst, dass auch die andere Person Bedürfnisse hat und dass das Leben deutlich schöner ist, wenn man sich gegenseitig respektiert. Es entsteht Kommunikation, die demokratischer wird. Im Westen haben wir relative Fortschritte auf dieser zweiten Ebene gemacht. Doch es besteht auch die Gefahr, dass das Leben etwas Lebendigkeit verliert. Wenn wir unseren Verstand einsetzen, um eine Einigung zu finden, was jeder von uns gibt und erhält, kann leicht der Verstand überhand über das Gefühl gewinnen. Das dritte Stadium ist der Schritt über die Logik hinaus, indem wir unsere Aufmerksamkeit auf das Geschehen in uns und in unserem Partner richten. Auf diese Weise sind wir eher in der Lage, liebend in Aktion zu treten. Und wenn wir den Unterschied zwischen der femininen und der maskulinen Ausprägung der Liebe erkennen, hilft uns das, aufmerksamer zu werden. Es geht also darum, den Mut zu haben, die Risiken einzugehen und die Verantwortung zu übernehmen.

Natürlich gibt es eine ganze Bandbreite von vollständigeren Entwicklungsmodellen. Jean Piaget beispielsweise beschrieb die Entwicklung in der Kindheit, und Sigmund Freud zeigte, inwiefern Erfahrungen aus der Kindheit sich auf unser Leben als Erwachsene auswirken. Roberto Assagioli war Freuds Schüler und erforschte die spirituellen Dimensionen des Menschen. Es gibt überdies frühe Beschreibungen von Chakra-Systemen, die verschiedene Kulturen auf unterschiedlichen Kontinenten unabhängig voneinander entwickelt haben. Sie setzen die persönliche Entwicklung in Zusammenhang mit Zentren des Körpers und beschreiben ähnliche Entwicklungsfolgen wie Abraham Maslow.

Maslow war ein führender Psychologe, der die inzwischen berühmt gewordene sogenannte „Bedürfnispyramide" entwickelte, um die Abfolge menschlicher Bedürfnisse für ihr Überleben und ihre Selbstverwirklichung zu beschreiben. Er geht dabei von dem grundlegenden körperlichen Bedürfnis nach Sauerstoff, Wasser, Nahrung und so weiter aus und führt die Entwicklung weiter bis zum spirituellen Streben nach Selbstverwirklichung.

Ken Wilbers Integrale Theorie kombiniert verschiedene Entwicklungspfade, die Psychologen, Verhaltensforscher und Philosophen beschrieben haben. Wilber zufolge treten im Laufe eines Lebens verschiedene Entwicklungstypen auf, bis jedes besondere Bedürfnis erfüllt wird oder der Prozess durch die Angst zum Stillstand kommt.

All diese Modelle stimmen dahingehend überein, dass sie parallele Entwicklungsrichtungen des Bewusstseins beschreiben, bei denen die Aufeinanderfolge der Konzentration auf das Ego, die Gruppe und die Welt gleich bleibt. Jedes Entwicklungsstadium ist umfassender und reicht weiter als das vorangegangene; so übertreffen sich die Phasen nach und nach und schließen die jeweils vorige Ebene mit ein. Wenn Sie auf Ihr früheres Verhalten zurückblicken, werden Sie sehen, dass Sie Fortschritte gemacht haben, indem Sie bestimmte Meinungen und Identitäten aufgegeben und neue entwickelt haben. Die Tiefe und Komplexität Ihres Bewusstseins wurden erweitert.

Ohne Zweifel kennen Sie Menschen, deren Entwicklung zum Stillstand gekommen oder sogar rückwärts gerichtet ist. Diese Personen sind oftmals verbittert und voreingenommen – und das sind beides Hinweise auf Angst.

Sich selbst kennenzulernen und weiterzuentwickeln, ist ein Prozess, der im kontinuierlichen Wechselspiel von Angst und Liebe stattfindet. Wenn Sie sich sicher fühlen, können Sie es sich leisten, neugierig zu sein; Sie können sich der Unsicherheit aussetzen. Wenn Sie die Liebe in irgendeiner Form erlebt haben, kann Ihre Wissbegierde unangetastet bleiben. Bekommen Sie aber Angst, müssen Sie Ihre Sicherheit erst wieder aufbauen, bevor Sie erneut mutig sein können. Die Herausforderung besteht darin, das Vertrauen und den Mut zurückzugewinnen.

Manchmal können wir in unserer früheren Entwicklung Defizite erkennen. Blockaden, die möglicherweise von starken Emotionen ausgelöst worden sind, welche wir nicht ganz ausleben konnten, als sie auftraten; oder Entwicklungsstadien, die wir übersprungen haben, als die Umstände ein Verhalten erzwungen haben, auf das wir nicht richtig vorbereitet waren. Wenn dem so ist, sollte das, was Sie zuvor nicht ausleben konnten, nun vollendet werden. Sollte Ihnen das alleine nicht gelingen, gibt es viele Menschen in Ihrer Umgebung, die in der Lage sind, Ihnen dabei zu helfen.

> **Liebe ist ein uneingeschränktes Gefühl.**
>
> Adi Da

Als Individuum zu wachsen, bedeutet, mutig die körperlichen und geistigen Herausforderungen anzunehmen, die das Leben für uns bereithält. Unsere körperliche Belastung ist oft offensichtlich; auf geistigem Niveau ist sie zwar genauso groß, aber schwieriger zu erkennen.

Wenn Ihr Selbstbild und Ihre Wahrnehmung der Realität Gestalt anzunehmen beginnen, kann der Übergang zur Verbundenheit bewusster vonstatten gehen. Sobald dies geschieht, erhalten Ihre bedingungslose Liebe sich selbst und Ihrer Umgebung gegenüber mehr Raum zum Atmen. Und wenn Sie die Weisheit erlangen, dass Ihr Innerstes vollkommene Einheit ist, werden Ihre Zweifel schwinden und der Wandel zu Verbundenheit und Wahrheit beschleunigt.

Vier Wege des Wachstums

Es gibt grundlegend unterschiedliche Wege, Ihre Liebesfähigkeit zu stärken: Yoga, Therapie, mentales Verständnis und spirituelles Training.

Es gibt vier Hauptwege, um im Leben voranzukommen: Sie können gleichgesetzt werden mit Yoga, Therapie, mentalem Verständnis und spirituellem Wachstum. Manche Methoden und Therapien kombinieren diese verschiedenen Ansätze, doch in der Regel liegt der Schwerpunkt auf einem einzigen dieser Wege.

Das Modell der Wege unseres Wachstums entspricht der Entwicklung des Gehirns während der Kindheit und Jugend. Die Körperfunktionen werden größtenteils vom Stammhirn gesteuert, die Gefühle vom limbischen System, die Gedanken von der Hirnrinde. Doch Sie können frei wählen, welcher dieser Wege jeweils am besten passt. Unabhängig von Ihrer Wahl können Sie sich immer fragen: Was steuert momentan meine Motivation und meine Strategie – Angst oder Liebe?

Wie viele andere körperliche Betätigungen löst Yoga Blockaden im Bewegungsapparat des Körpers, in den Gefühlen und Gedanken. Der freie Energiefluss wird gefördert, indem der Körper ungewohnten Bewegungen und Situationen ausgesetzt wird, die häufig mit einem bestimmten Zweck oder Aspekt des Lebens verbunden sind. In übertragenem Sinn kann man sagen, dass jede bewusste Wahl neuer Aktionen eine Art von Yoga ist.

Charakteristisch für Yoga ist die Tatsache, dass der Mensch aus dem Bereich herausgeholt wird, in dem er sich sicher fühlt.

Therapie „repariert, was in der Persönlichkeit kaputt ist". Emotionale Erinnerungen größerer oder geringerer Bedeutung bleiben in unser Unterbewusstsein eingebettet; Erfahrungen, die nicht ganz verarbeitet wurden, als sie stattfanden; ein dramatisches Ereignis vielleicht oder Eindrücke, derer wir uns nicht erwehren konnten. In mancher Beziehung konnten sie nicht in unsere damalige Weltsicht integriert werden und wurden deshalb unterdrückt. Doch sie bleiben da und können wieder zum Vorschein kommen – zum Beispiel wenn wir unter Druck stehen. Da wir keinen Kontakt zu unserem Unterbewusstsein haben, können wir dessen Energien nicht kontrollieren. Unser Verhalten kann uns dann rational vorkommen, aber auf andere seltsam oder irrational wirken. Die Vorstellung eines emotionalen Gedächtnisses für Gefühle wie Schuld oder Scham ist uns bekannt. Doch es kann genauso gut unser Stolz oder unser Potenzial sein, die unterdrückt wurden – das, was das innerste Wesen eines Menschen ausmacht.

Das unterbewusste emotionale Gedächtnis führt uns häufig zu Überreaktionen oder liefert uns eine Grundprogrammierung, die nicht immer funktional ist. Normalerweise basiert eine Therapie auf einer sicheren Beziehung zu einem Therapeuten, der den Patienten ermutigt, sich seinen emotionalen Erinnerungen zu stellen und sich mit ihnen auseinanderzusetzen. Eine Gefühlsverletzung zu heilen, erfordert oft den Mut, den Schmerz noch einmal zu durchleben, den sie verursacht hat. Setzt man sich dieser Situation nicht aus, ist eine Veränderung kaum möglich. Dabei geht es eher darum, das Gefühl zu spüren als darüber nachzudenken. Therapie ist durch ein Gefühl der Sicherheit und die völlige Akzeptanz charakterisiert, die den Prozess begleiten und tragen.

Unser mentales Verständnis kann wachsen, wenn wir dem, was in unserem Leben passiert, Aufmerksamkeit schenken und daraus Schlussfolgerungen ziehen. In der Schule erlernen wir bestimmte Fähigkeiten und unterdrücken andere, die wir möglicherweise haben. Wir können aktive fachkundige Menschen aufspüren, Bücher lesen und über unser Leben reflektieren.

**Es ist nie zu spät, eine glückliche Kindheit zu haben.
Doch die zweite liegt ausschließlich in Ihrer Hand.**

Spirituelles Wachstum ist nicht für jeden ein bewusster Vorgang, aber früher oder später beschäftigen sich die meisten einmal mit spirituellen Themen. Wenn wir die Suche nach der spirituellen Dimension in Angriff nehmen oder versuchen, sie in Worte zu fassen, können wir feststellen, dass sie nicht greifbar ist. Dadurch werden wir möglicherweise empfänglich für alle „rationalen" Argumente, die gegen ihre Existenz sprechen. Spiritualität und Liebe haben denselben Ursprung und werden im nächsten Kapitel ausführlicher beschrieben.

Im Gegensatz zu den anderen drei Wegen, die zu Wachstum führen können, gibt es nicht viel, das Sie in dieser Hinsicht tun können, außer dass Sie sich dem preisgeben, was größer ist als die Menschheit. Manchmal helfen die anderen drei Wege dabei; gelegentlich lassen sie Ideen entstehen, die dieser Hingabe im Weg stehen und eher ein Hindernis als eine Hilfe darstellen. Ein für alle Mal geht es um das Loslassen.

> **Entweder verstehst du es oder eben nicht.**
> DAVID DEIDA

Eigentlich können Sie gar nicht lieben!
Wenn Liebe ihren Ausdruck findet, sind nicht Sie es, der die Liebe lebt: Die Liebe lebt Sie.

Wir wachsen, um mehr Liebe geben zu können. Manchmal ist Ihre Liebe für Sie offensichtlich; manchmal ist sie jedoch nirgends zu sehen. In solchen Zeiten wird die Liebe von einer Angst überdeckt, die versucht, Sie vor Bedrohungen zu schützen. Sie können damit beginnen, die Bedrohung abzuwenden, die Ihnen Angst macht, oder sich selbst stärken. Dazu brauchen Sie den Mut, präsent zu sein und sich der Realität voll bewusst zu bleiben. Das bringt Sie in die Reichweite der Liebe, die dann aus Ihnen heraus entstehen kann. Wenn Sie meinen, Sie selbst haben den gesamten Vorgang vom Anfang bis zum Ende bewerkstelligt, drängt sich Ihr Ego in den Vordergrund.

Das Einzige, was Ihr Ego beitragen kann, ist der Wille, sich selbst für Ihr Innerstes empfänglich zu machen. Das ist an sich schon eine große Leistung, welche die bewusste Entscheidung voraussetzt, sich verletzbar zu machen und ein Risiko einzugehen – trotz der Angst, die Verletzlichkeit in sich birgt. Das Paradox besteht deshalb darin, dass ein Willensakt erforderlich ist, um sich hinzugeben für etwas, das größer ist als man selbst.

Manchmal kann die Sprache uns mit neuen Perspektiven bereichern. Im Englischen heißt es: „I love you." Man kann auch sagen: „I am in love with you". Dieses „in love" liefert eine ganz andere Sichtweise auf das Geschehen. Im Spanischen kann man sogar sagen: „Estamos junto a Dios" – „Wir sind neben/bei Gott."

> *Jede bewusste Energie ist Liebe, da sie auf Hoffnung basiert.*
> Teilhard de Chardin

Natürlich kann es erleichternd sein, Liebe nicht bewirken zu müssen, sich voller Vertrauen im Zentrum des Sturms zurückzulehnen, wo alles ruhig ist: Das Herz weiß schon, was zu tun ist.

Doch wenn Ihnen dieser Vorgang nicht vertraut ist, kann die Verletzbarkeit nervenaufreibend sein. Wenn Sie allerdings beginnen, die positiven Effekte zu bemerken, wird es sich ungewohnt anfühlen, nicht verletzbar zu sein.

Eins werden mit sich selbst
Es beginnt mit der Beziehung zwischen Ihnen, Ihren Stärken und Schwächen. Und es geht weiter mit Ihrer Beziehung zu anderen.

Es beginnt mit Ihnen selbst. Alles, was Sie tun können: Erkennen Sie, was in Ihrem Inneren ist, und bringen Sie es zum Ausdruck. Angesichts der Tatsache, dass Sie dieses Buch lesen, wünschen Sie sich wahrscheinlich Erfahrungen, die sich von den bisherigen unterscheiden. Das bedeutet, dass Sie noch deutlicher erkennen müssen, was in Ihnen steckt. Möglicherweise haben Sie begonnen wahrzunehmen, dass Ihre verschiedenen Arten von Kosmetik, Masken und Fassaden Sie selbst mehr täuschen als alle anderen. Wenn Sie Ihrem Umfeld Verbundenheit und Wahrheit vermitteln wollen, müssen Sie zunächst beides in Ihrem Inneren fühlen.

Wenn wir erwachsen werden, können wir uns entscheiden, die Verantwortung für das Gefühl der Liebe zu übernehmen – unabhängig davon, welche Art von Erziehung wir genossen haben. Denken Sie an die Anweisungen des Kabinenpersonals vor dem Start eines Flugzeugs: „Bei einem Druckverlust in der Kabine ziehen Sie die gelbe Sauerstoffmaske über Mund und Nase, bevor Sie Ihren Mitreisenden helfen." Bevor Sie Ihrem Nächsten Liebe zeigen können, müssen Sie dafür sorgen, dass Sie selbst Liebe fühlen. Als Erwachsene sind wir dafür verantwortlich, sicherzustellen, dass wir selbst haben, was wir brauchen, wenn wir der jungen Generation zeigen wollen, was Liebe ist. Vielleicht ist es für junge Menschen noch wichtiger als für alte, die Tür offen zu halten.

Die chassidischen Juden haben angesichts andauernder Not stark verbindende Traditionen entwickelt, um ihr Überleben zu sichern. Sie glauben, dass ihre eigenen Nachkommen die einzige Hoffnung für die Zukunft sind; und deshalb sorgen sie dafür, dass in den Augen ihrer Kinder immer ein Funken Lebensfreude zu sehen ist.

Es gibt etwas, das Sie tun müssen, um Zugang zu Ihrem Innersten zu bekommen, um die nötige Kraft zu gewinnen und um von den Menschen in ihrem Umfeld akzeptiert zu werden: Lernen Sie sich selbst kennen, mit all Ihren guten Seiten, aber auch mit jenen Seiten, auf die Sie weniger stolz sind. Denken Sie daran, dass Sie ein innerstes Wesen haben, das nie jemand sieht – unabhängig davon, wie Sie sich fühlen. Und auch wenn Sie meinen, Sie oder andere hätten Probleme verursacht, gibt es immer eine Gnade, die alles vergibt.

Liebe kann alles umfassen. Selbst die größte Angst.

Zunächst kann das Erwachen auch der weltgewandtesten Person einen gehörigen Schrecken einjagen. Selbst jenen, die meinen, ein besseres Leben zu führen als die meisten anderen. Plötzlich sehen sie sich mit einer ganzen Reihe neuer Regeln konfrontiert. Sie sollen geben, statt zu nehmen oder an sich zu bringen. Ein solch radikaler Identitätswechsel kann in der Tat Todesangst auslösen. Auf einmal ist der bislang wichtigste Teil der Persönlichkeit verbannt.

Doch möglicherweise sind Sie der Meinung, dass das Leben nicht Ihren Weg gewählt hat. Ihr Erwachen kann auch sehr schmerzvoll sein. Plötzlich müssen Sie die Kraft in Ihrem Inneren akzeptieren, die Sie nicht loswerden können – denn es könnte sein, dass Sie unterbewusst genau das versuchen. Wenn Sie diese Kraft annehmen, beginnen Sie vielleicht, die Tatsache zu beklagen, dass Sie bisher Ihre Verantwortung und Ihre Möglichkeiten nicht ernst genommen haben. Und Sie sind nicht allein. Wir alle wachen aus eingebildeten und verborgenen Kräften auf. Sich vom Alten zu verabschieden und das Neue willkommen zu heißen – das muss mit Respekt und Bescheidenheit geschehen. Nehmen Sie's leicht und verlieren Sie niemals den Respekt vor irgendeinem Teil Ihrer Persönlichkeit. Ein Großteil dessen, was Sie getan haben, sollte in gewisser Weise Ihr eigenes Überleben sichern. Radikale Veränderungen brauchen Zeit zum Reifen. Mit der Zeit wird dieser Weg sich wie der einzige anfühlen, der Ihnen offen steht. Manche Menschen sagen, dass Ihre Wahl sich nicht darauf bezieht, ob Sie gehen, sondern wann!

Vielleicht haben Sie neue Einsichten gewonnen, die Sie dazu bringen, viele Aspekte in Ihrem Leben zu verändern. Es ist auch möglich, dass von außen nichts erkennbar ist. Keine Entscheidung und kein Verhalten ist per se ein Ausdruck von Angst oder Liebe. Entscheidend sind Ihre zugrunde liegenden Absichten.

Wir sind damit aufgewachsen, nicht immer die Wahrheit zu sagen. Der Grund dafür, dass wir nicht ehrlich sind, ist eine Art der Angst. Wir fürchten, wenn wir ehrlich sind, könnten wir verlieren, was wir haben, oder nicht das bekommen, was wir haben möchten. Diese höflichen Lügen bleiben in uns und führen zu einer Trennung in unserem Inneren – zwischen dem, was wir sind, und dem, was wir sein wollen – sowie zwischen uns und demjenigen, den wir belogen haben. Angst verursacht Unwahrheit, die zur Trennung führt.

Vielleicht war es Ihre Absicht, der anderen Person Leid zu ersparen, da das, was Sie sagen wollten, nicht so „nett" gewesen wäre. Sie fürchteten, Ihre Freundschaft könnte mit Ehrlichkeit nicht umgehen. Es ist verständlich, dass eine solche Situation in einer Kultur wie der unseren auftritt. Sie sollten sich jedoch bewusst machen, dass jede harmlose Lüge nur die Kluft in Ihrem Inneren und zwischen Ihnen und Ihrer Umgebung vergrößert. Außer Ihnen kann niemand die Verantwortung für den Wandel und Ihre schwindende Angst übernehmen. Aus rein egoistischen Gründen sollten Sie Ihr Umfeld klären, damit Sie ehrlicher sein können. Wenn Sie das tun, werden Sie mehr Verbundenheit und Respekt vor sich selbst spüren und sich weniger oft zum Lügen gezwungen sehen. Sie erhalten also eine doppelte Belohnung: Sie werden Verbundenheit mit sich selbst fühlen und mit den Menschen, die Ihnen nahe stehen.

Der Übergang von Unwahrheit zu Wahrheit ist häufig ein körperliches Erlebnis. Ihr Atem, Ihre Stimme und Haltung entspannen sich möglicherweise oder Sie bekommen

Pickel. Ich selbst fange oft an, laut zu lachen, wenn ich eine aufschlussreiche Wahrheit höre. Es können auch Tränen fließen. Das gehört alles zum Heilungsprozess dazu. Hören Sie auf Ihren Körper. Mit sich selbst eins zu werden, bringt auch den Mut mit sich, alle Gefühle zu spüren, die Sie haben. Je mehr Ihres emotionalen Lebens Sie ablehnen, desto größer wird die Verwirrung in Ihnen und bei den Menschen in Ihrem Umfeld. So entsteht ein Abgrund zwischen Ihrem Inneren und Ihrem Auftreten nach außen. Dieser Gegensatz lässt sich kaum verbergen.

Alle Gefühle zu spüren, ist nicht dasselbe, wie sie auszuleben. Die Stärke Ihrer Emotionen nimmt Ihnen die Verantwortung für Ihr Handeln nicht ab. Es liegt an Ihnen, was Sie mit anderen teilen und wie es bei Ihren Mitmenschen ankommt. In ähnlicher Weise ist der Adressat verantwortlich für seine Gefühle und Reaktionen.

Eine wichtige Lektion, die uns das Leben lehrt, ist unsere Versöhnung mit unserem Schicksal und die Vergebung mit all jenen, die uns etwas schulden. Und vor allem: uns selbst zu vergeben. Das gehört dazu, wenn wir unablässig neue Lebensperspektiven annehmen. Möglicherweise erwarten wir, dass alles, was wir wiedergutmachen können, ins Lot kommen wird, und dass alles Leid von demjenigen gemildert wird, der es verursacht hat – in einem angemessenen Maß. Die verbleibende Unausgewogenheit oder Spannung kann jedoch tatsächlich nicht aus der Welt geschafft werden, und so können wir nur akzeptieren, dass wir wie alle Menschen gelegentlich unbewusst handeln. Am schwersten ist es, uns selbst zu vergeben. Vergebung bedeutet, sich etwas auszuliefern, das größer ist als wir selbst.

Sie kennen auch das Gefühl, wenn Sie in Situationen gerührt sind, in denen Sie das nicht offen zeigen können. Taufen, Hochzeiten, Beerdigungen und Sportveranstaltungen zählen zu den wenigen Anlässen, in denen es vertretbar ist, tiefe Emotionen zu fühlen. Es ist schade, um nicht zu sagen: eine Tragödie, dass unsere individuellen Wahrnehmungen unseres Lebensgefühls verborgen werden. Ich bin sogar der Ansicht, dass es unserer Gesundheit und der Gesellschaft insgesamt schadet.

Zum Glück gibt es einen Bereich, der unsere spontane Rückbesinnung auf Verbundenheit und Wahrheit begrüßt. Es ist der Zufluchtsort für den Humor. Meine Vorstellung von Humor ist die unerwartete Erfahrung von Gleichheit mit anderen oder die endgültige Anerkennung einer Wahrheit, die wir nicht auszusprechen wagen. Humor gleicht der Intuition oder Liebe insofern, als er spontan eine Verbindung herstellt mit einem subjektiven Status der Verbundenheit mit anderen oder einer objektiv wahren Beschreibung der Realität. Für mich ist Humor etwas sehr Spirituelles. Und er ist außerdem sehr aufschlussreich in Bezug auf unser Selbstbild. Welche Art der Verbundenheit schätzen Sie, und welche Wahrheiten verbergen sich in Ihrem Innersten? Überprüfen Sie Ihren Humor!

Wer durch äußere Einflüsse gesteuert wird, ist reaktiv.
Wer durch innere Überzeugung gelenkt wird, ist aktiv.

Eine einzige Frage
Der Kompass Ihres Lebens ist eine Frage.

Im vorangegangenen Abschnitt ging es darum, wie Sie eine stabile Basis herstellen können, von der aus Sie Ihr Leben neu organisieren können. Unabhängig davon, wie weit Sie mit Yoga, Ihrer Therapie, mentalem Verständnis oder dem spirituellen Wachstum gekommen sind – es gibt eine zentrale Frage, die Sie auf jedem Schritt Ihrer Reise begleiten kann:

Was ist im Augenblick stärker: die Angst oder die Liebe?

Wenn es die Angst ist, sollten Sie sich mit der unmittelbaren Bedrohung auseinandersetzen, die sie verursacht. Sie sollten retten, was Sie retten können, oder auch einfach sich selbst in Sicherheit bringen. Ändern Sie dann die Situation, um mehr Verbundenheit oder mehr Wahrheit zu schaffen. Würde die Verbundenheit mit etwas weniger Prestige zunehmen? Gibt es eine Wahrheit über Sie oder die andere Person, die nicht akzeptiert ist? Wie würde die Liebe entscheiden? Wenn Sie wissen, was diese Angst auslöst, können Sie darüber nachdenken, ob es etwas gibt, das einer von Ihnen ändern kann. Möglicherweise fordert die Situation von Ihnen ein Opfer. Wie wird es sich anfühlen, wenn Sie nicht tun, was in Ihrer Macht steht? Was würde die beste Selbsterfahrung herbeiführen, heute und morgen? Versuchen Sie, Ihre Gedanken loszulassen, und spüren Sie einfach nur, was Ihr Körper Ihnen sagt. Ihr Körper lügt niemals.

Nicht immer ist es möglich, eine durchführbare Lösung zu finden, auch wenn Sie alle denkbaren Möglichkeiten ausschöpfen. Wenn dem so ist, sollten Sie herausfinden, ob Sie noch warten können. Manche Probleme können sich von selbst lösen.

Gelegentlich müssen Sie aber auch handeln, obwohl keine positive Lösung in Sicht ist. Dann ist das Einzige, was Sie tun können, das Beste aus der Situation zu machen. Sorgen Sie in diesem Fall dafür, dass Sie sich in die von Ihnen gewünschte Richtung bewegen – nicht nur weg von dem, was Sie zu vermeiden versuchen.

> **Ich wurde hierzu gezwungen.**
> **HANS BRASK**

Ausgewogenheit
Eine einzige Stärke kann eine Schwäche sein. Häufig gründen Ihre Stärken auf eindringlichen Erfahrungen aus der Kindheit oder auf dem Beruf.

Damit Ihr Talent andere Menschen erreichen und ihnen nutzen kann, müssen Ihre sonstigen Fähigkeiten in gewisser Weise ausgewogen sein. Diese vier Beispiele verdeutlichen die Notwendigkeit, sich um den eigenen Körper, die Gefühle, Gedanken und Seele zu kümmern.

 Wenn Sie körperlich nicht in Form sind, haben Sie möglicherweise nicht die Energie, um wachsam zu bleiben und im Umgang mit anderen ganz anwesend zu sein.

💗 Wenn Sie zu viele unangenehme Erinnerungen an Ihre Kindheit haben, besteht die ernste Gefahr, dass die zugrunde liegenden Emotionen übersprudeln, wenn Sie es am wenigsten erwarten, und ohne dass Sie wirklich verstehen, warum.

💗 Wenn Sie Wissen nicht akzeptieren, das für andere ganz gewöhnlich ist, wird es für Sie schließlich schwierig sein, sich mit Ihren Freunden und Kollegen zu unterhalten.

💗 Wenn Sie nicht das Gefühl haben, Ihr Umfeld sei bedeutsam, wird es schwer sein, in Ihrem Leben einen Fixpunkt zu finden, der Stabilität und Energie liefert.

Erinnerungen aus der frühen Kindheit können dazu führen, dass bestimmte Verhaltensweisen überentwickelt werden. Unser Arbeitsleben kann ebenfalls Reaktionen hervorrufen und Werte prägen, die in anderen Zusammenhängen möglicherweise nicht optimal sind.

Die Bandbreite der angebotenen Literatur, Seminare, Kurse, Trainings und Therapien ist enorm und wächst beständig. Ganz zu schweigen von allem, was im Internet rund um die Uhr kostenfrei verfügbar ist. Wir müssen Ausgewogenheit in uns selbst und zwischen unseren verschiedenen Lebensbereichen finden: in der Partnerschaft, in der Familie, im Freundeskreis, bei der Arbeit, in der Gemeinschaft und in der Welt. Wenn unsere Fähigkeiten parallel entwickelt werden, liefern sie sich gegenseitig Unterstützung und kurbeln die Kreativität an. Unser Wachstum macht häufig in kleinen und großen Sprüngen Fortschritte!

Vollkommene Ausgewogenheit ist nichts, wonach man strebt: Man erreicht sie erst nach diesem sterblichen Leben.

Ihre äußere Erscheinung

Begabung
Wenn Sie anwesend sind, lassen Sie der Welt Ihr Talent zuteil werden.

Jeder Mensch hat etwas Einzigartiges, dass er in diese Welt einbringen kann. Und die Welt wird nicht so sein, wie sie sein soll, bevor diese Begabung nicht vollständig eingebracht wird. Sie sind der Einzige, der Ihr Talent kennt und weiß, wie Sie es der Welt zuteilwerden lassen können.

Sie haben keine große Wahl, ob Sie etwas geben wollen oder nicht. Was auch immer Sie tun: Sie beeinflussen Ihre Umgebung auf die eine oder andere Weise. Was Sie tun, hat so weitreichende Auswirkungen, dass sie in ihrer Gesamtheit gar nicht überschaubar sind. Ich denke nicht, dass irgendjemand verpflichtet ist, sich auf eine bestimmte Weise zu verhalten. Doch wenn Sie wollen, können Sie die volle Verantwortung für das Leben übernehmen, das Sie jetzt leben.

Fragen Sie sich, ob Sie der Welt Ihre Begabung geschenkt haben? Dann haben Sie es nicht getan!

Ihre bewusste Präsenz ist vonnöten, damit Sie Ihr jeweiliges Talent entfalten und so bereitstellen können, dass es auch ankommt. Möglicherweise ist der Zweck Ihres Lebens bereits offensichtlich für Sie. Vielleicht liegt er aber auch noch im Dunkeln. Wenn Sie sich weiterhin Gedanken machen, werden Sie Hilfe und Antworten finden. Eventuell gibt es schon einige Anzeichen, die in Ihrer Vergangenheit darauf hinweisen, worin Ihre Begabung besteht. Die meisten Ihrer aktuellen Verhaltensmuster und Ihre Persönlichkeit werden sich wahrscheinlich niemals ändern. Sie können Ihr Innerstes mit unvoreingenommenem oder wohlwollendem Verständnis betrachten. Wenn Sie sich für Verständnis, aber dennoch auch für Ehrlichkeit entscheiden, wie fiele dann Ihr Fazit hinsichtlich Ihrer Lebensführung aus? Worum bemühen Sie sich sehr – unabhängig davon, ob Sie es bereits zum Ausdruck bringen oder noch versuchen, es zu verleugnen oder zu verbergen? Gibt es zu diesem verletzlichen Teil Ihrer Persönlichkeit eine entsprechende Begabung, die Sie noch nicht vollständig bereitstellen?

Meine eigene Erkenntnis hinsichtlich des Lebenssinns wurde vor dreißig Jahren von einer Radiosendung angestoßen, wie ich im ersten Kapitel dieses Buches berichtet habe. Vor drei Jahrzehnten verhalf sie mir zu mehreren Erfolgsgeschichten als Projektmanager. Doch ich fühlte mich viel zu verletzbar, um das Begriffspaar „Angst und Liebe" meinen Kollegen zu erläutern oder als Lehrer in verschiedene Schulungen im Bereich des Projektmanagements einfließen zu lassen. Für mich ist es ein großes Geschenk, diese Herzensangelegenheit endlich mit Ihnen teilen zu können. Als einmal die Bereitschaft dazu da war, hat der Fortschritt unaufhörlich die nächsten Schritte gefunden.

Der Wille zu geben
Die Realität stellt Ihren Willen auf die Probe.

Bevor Sie die Welt an Ihrer Begabung immer wieder teilhaben lassen können, sollten Sie auf die verschiedensten Reaktionen gefasst sein. Wenn Sie voller Überzeugung geben, sind sie verletzbar, und die Welt heißt Sie nicht immer mit offenen Armen willkommen. Dadurch wird Ihre Fähigkeit der Präsenz auf die Probe gestellt. Haben Sie das Zeug dazu, an Ihrer Liebe festzuhalten? Sollte Ihnen das nicht gelingen, haben Sie in gewisser Weise beschlossen, die Augen vor der Wirklichkeit zu verschließen, da die bewusste Wahrnehmung zu sehr schmerzt. Ihre Präsenz nicht aufrechtzuerhalten, ist eine Fluchtreaktion. Doch wenn Sie sich dem Schmerz nicht widersetzen, leiden Sie tatsächlich nicht und werden leichter einen Weg finden, wieder präsent zu sein. Gelingt es Ihnen, eine bestimmte Art oder Stufe der Herausforderung zu überwinden, werden Sie neue Wege suchen, um Ihre Fähigkeit zu testen, an Ihrer Liebe festzuhalten. Möglicherweise suchen solche Prüfungen aber auch Sie, wenn die Zeit dazu reif ist. Glücklicherweise werden wir in der Regel nicht mit Herausforderungen konfrontiert, die unsere Fähigkeiten übersteigen.

Ich möchte Ihnen ein konkretes Beispiel dafür nennen, inwiefern der Widerstand gegen den Schmerz und nicht der Schmerz selbst Leid verursacht. So lange ich denken kann, bekam ich immer eine örtliche Betäubung, wenn der Zahnarzt einen Zahn plombieren musste … bis ich von einem Mann las, der feststellte, dass er in der Lage war, auf einer unebenen Steinmauer liegend einzuschlafen, wenn er sich zuvor entspannen konnte. Als ich das nächste Mal zum Zahnarzt ging, fragte ich ihn, ob ich es auch ohne Betäubung probieren könne. Also nahm ich einige tiefe Atemzüge und dachte an Skifahren an einem sonnigen Morgen im noch unberührten Schnee. Als es wehtat, atmete ich wieder ein paar Mal tief durch und dachte mir ein besonders gutes Ablenkungsmanöver aus. So ist es auch mit der Verletzbarkeit. Atmen Sie einige Male tief durch, und genießen Sie die Tatsache, dass Sie Liebe fühlen können.

> **Liebe ist die Wunde, die niemals heilt.**
> ADI DA

Sie müssen all Ihre verschiedenen Arten von Willen aufbringen, um Erfolg zu haben und die Welt zu erreichen. Am bekanntesten ist der starke Wille, der Hindernisse mit Energie überwindet, ohne sich allzu sehr dafür zu interessieren, was geschieht oder wie es ankommen wird. Wenn Sie immer Ihre eigene Wahrheit sagen, setzen Sie die Verbundenheit aufs Spiel.

Wir haben darüber hinaus einen geschickten Willen, der flexibel ist und alternative Wege finden kann. Er geht wirtschaftlich mit den Mitteln um und ist in der Lage, zweckmäßige Wahrheiten zu finden, die viele Menschen überzeugen können.

Der gute Wille ist der wichtigste. Er kann mit ungenaueren Zielen umgehen und erkennt, wie Ihre eigene Wahrheit übermittelt werden muss, sodass die Verbundenheit gestärkt wird.

Es gibt immer auch einen transpersonalen Willen, der jenseits der Persönlichkeit liegt. Dieser ist der Ausgangspunkt für die existentielle Frage nach dem Sinn des Lebens.

Leben – Gelegenheit, nicht Pflicht.
Bengt Jacobsson

Sie können nicht immer in allem in vollem Umfang Erfolg haben. Glücklicherweise gibt es eine Gnade, die Sie von Schuld befreit. Die große Liebe umfasst alles, was geschieht. Sie sieht Ursache und Wirkung seit Anbeginn der Zeit und urteilt nicht. Doch Sie sind vor sich selbst verantwortlich für das, was Sie tun. Nur Sie selbst können wissen, ob Sie Ihr Potenzial als Mensch ausschöpfen.

Ich bin kein kluger Mann, aber ich weiß, was Liebe ist.
Forrest Gump

Bringen Sie Ihr Selbstverständnis zum Ausdruck

Ihr Innerstes beeinflusst, was Sie wahrnehmen und geben. Sie ziehen an, worauf Sie sich konzentrieren. Konzentrieren Sie sich auf das, was Sie erleben möchten, nicht auf das, was Sie vermeiden wollen.

Was Sie sehen und was Sie geben, sind Ausdrucksformen Ihres Selbstbildes. Ihr inneres Bild und Ihre Weltsicht sind Abbilder voneinander. Ihr Geschenk an die Welt ist demzufolge ein Abbild Ihres Innersten. Das bedeutet zum Beispiel, dass ich alles, was ich Ihnen mithilfe dieses Buches sage, eigentlich mir selbst sagen möchte. So versuche ich, mich durch das Schreiben selbst zu verstehen und mir zuzuhören, um auch ja nichts zu verpassen.

Ihr inneres Zwiegespräch bestimmt, was Sie zum Ausdruck bringen. Welche Werte legen Sie für sich selbst zugrunde – und dementsprechend auch für die Welt? Sie können nur das ausdrücken, was in Ihrem Inneren ist. Sorgen Sie also dafür, dass es mit dem übereinstimmt, was Sie am liebsten zum Ausdruck bringen wollen.

> **Leben ist, was man daraus macht. Eine Schule, ein Schlachtfeld oder ein Spielplatz.**
> Sri Baghavan

Ein Forscherteam ließ in Holland zwei Gruppen von Studenten Fragen aus dem Spiel „Trivial Pursuit" beantworten. Zuvor war eine der Gruppen aufgefordert worden, fünf Minuten darüber nachzudenken, wie es wohl wäre, Professor zu sein, und ihre Vorstellungen aufzuschreiben. Die andere Gruppe sollte an das Leben als Fußballrowdy denken und diese Überlegungen zu Papier bringen. Die erste Gruppe konnte 56 Prozent der Fragen richtig beantworten, die zweite nur 43 Prozent. Nach lediglich fünf Minuten des inneren Zwiegesprächs.

Da das eigene Selbstbild sich mit den Erfahrungen wandelt, kann es sein, dass die Menschen in Ihrer Umgebung verunsichert darüber sind, wer Sie geworden sind. Ihre Identität hat Auswirkungen auf jene Ihrer Mitmenschen.

Diese sind nicht mehr in der Lage, im Verhältnis zu Ihnen genau dieselben zu bleiben. Wenn Sie weniger Opfer sind, haben andere geringeren Einfluss auf Sie und müssen sich an Ihr neues Ich anpassen. Erwarten Sie also keinen Beifall von Ihren Freunden, wenn Sie mehr zu sich selbst finden – noch nicht einmal von jenen, von denen Sie annahmen, sie würden Ihre neuen Absichten begrüßen. Möglicherweise müssen Sie unterwegs einige Freundschaften neu bewerten.

Manchmal habe ich Gedanken, die sich in Gesellschaft mit anderen unpassend anfühlen. Wenn ich mich dann von meiner Erwartung an mich selbst frei machen kann, die Erwartungen anderer erfüllen zu müssen, oder den Impuls unterdrücken kann, meine Gefühle an die meiner Mitmenschen anzupassen, geschieht in der Regel etwas sehr Interessantes. In solchen Situationen kann ich sagen, was mir durch den Kopf geht, und spüre dabei häufig eine richtungsweisende Veränderung. Wenn ich mir selbst gestatte, mich authentisch zu verhalten, können plötzlich Liebe und Akzeptanz von jedermann und allem hervorbrechen. Die Veränderung von großer Angst zur Liebe kann innerhalb einer Sekunde erfolgen – sowohl bei mir selbst als auch bei anderen. Wenn Ängste und Blockaden beseitigt sind, bleibt nur noch Liebe übrig.

Wahrscheinlich gibt es für Sie wiederkehrende Themen, die Ihr Leben gestalten. Diese Themen enthalten wichtige Botschaften über Sie. Jede Einstellung basiert auf Ihrem Wunsch, Leid zu vermeiden und Freude zu empfinden. Sie sind entweder problem- oder lösungsorientiert. Schule – und unsere Kultur im Allgemeinen – beschäftigt sich häufig mit Problemlösung und Fragen. Wahrscheinlich haben Sie schon einmal gehört, dass das, worauf Sie sich konzentrieren, wachsen wird. Das bedeutet, dass Sie entweder das Problem oder die Lösung größer machen.

Gewalt kann keinen Frieden schaffen!

Wenn es in Ihrem Alltag hauptsächlich darum geht, Geld zu verdienen, damit Sie nicht verarmen, fühlen Sie sich auch dann noch weiterhin arm, wenn Sie zu Geld kommen. Stattdessen können Sie aber auch Freude über das Geld empfinden, das Sie haben.

Die Absicht zählt
Keine Handlung ist von sich aus gut oder böse.

Oft ist es sehr einfach, eine Meinung über das Handeln anderer zu haben. Sie als gut oder böse einzuordnen. Doch keine Handlung ist von sich aus gut oder böse. Entscheidend ist auch nicht das Ergebnis des Handelns. Meiner Ansicht nach entscheidet jeweils der Gedanke oder die Absicht darüber, ob eine Aktion von einer Emotion der Angst oder der Liebe ausgelöst wird. Die fehlende Absicht oder das nicht vorhandene Bewusstsein können ebenfalls eine Form der Angst sein. Wenn wir unsere Absichten auf einer immer tiefer gehenden Gefühlsebene überprüfen, ist das ein hervorragendes Training für den Geist.

Ich habe eine Erfahrung gemacht, die insbesondere auf die meisten Frauen seltsam wirken dürfte. Eine Zeit lang hatte ich Zugang zu einem Fernsehkanal, der moderne Kampfsportarten zeigte, wie beispielsweise K-1 oder Mixed Martial Arts. Bei einem solchen freien Kampf sind die meisten Arten des Boxens und Tretens erlaubt. Ich war häufig beeindruckt von dem Mut, den diese Männer offensichtlich hatten, dass sie sich dieser Herausforderung stellten. Oder welches Gefühl auch immer sie dazu motivierte. In einem bestimmten Kampf zog einer der Kontrahenten von Anfang an meine Aufmerksamkeit auf sich, da er besonders selbstbeherrscht und entspannt zu sein schien, als er den Ring betrat. In der ersten Runde schlug er seinen Gegner brutal k. o. Nachdem er zum Sieger erklärt worden war, ging er in seine Ecke zurück und holte sich ein Spruchband, das er vor eine Kamera hielt. Es zeigte zahlreiche Landesflaggen und die Botschaft: „Wir sind alle eins." Damit brachte er zum Ausdruck, dass wir auf geistiger Ebene tief miteinander verbunden sind. Sein Name war Genki Sudo, und neben dem Training beschäftigte er sich bevorzugt mit spiritueller Lektüre und dem Baden in heißen Quellen. Tatsächlich beendete er alle seine Blogeinträge und Interviews mit dieser Botschaft. Inzwischen hat er sich aus dem Ring zurückgezogen. Für mich ist das ein hervorragendes Beispiel dafür, dass es unmöglich ist, eine Handlung von außen zu beurteilen: Was zählt, ist die Absicht des Menschen!

Das menschliche Zusammenspiel ist entscheidend

Integrität bedeutet, sowohl man selbst als auch Teil der Gruppe zu sein.

Das menschliche Zusammenspiel ist sowohl die größte Prüfung als auch das wichtigste Ziel unseres Lebens. Hier sind wir verletzbar und ängstlich oder glückselig zufrieden.

In großen Teilen Zentral- und Südafrikas verwenden die Menschen das Wort „Ubuntu", um zu beschreiben, wie der menschliche Aspekt unseres Wesens sich in unserer Interaktion niederschlägt. „Ich bin, weil du bist." Wir werden zu denen, die wir sind, indem wir uns selbst in anderen spiegeln – ein Vorgang, der unsere Erkenntnis übersteigt.

Es ist das menschliche Zusammenspiel in der Kindheit, das uns einst dazu brachte, die Wahrheit aufzugeben, um zu bekommen, was wir brauchten. Aus Angst sagten wir etwas, das nicht stimmte, und bemerkten nach und nach, dass andere dasselbe taten. Unsere Integrität wird in unserer Interaktion auf die Probe gestellt. Wie weit können Sie Sie selbst sein und dennoch Teil der Gruppe bleiben, Teil des Zusammenspiels? Werden Ihre Anwesenheit und Ihr Talent angenommen?

Wenn Sie sich über Ihre eigene Identität klar geworden sind und diese akzeptieren, kennen Sie Ihre eigenen Grenzen besser und respektieren jene Ihrer Mitmenschen. Solange Sie nicht wissen, wer Sie sind und was Sie wollen, kann ich nicht wissen, wie ich Ihre Bedürfnisse befriedigen oder was ich von Ihnen erwarten kann. Wenn jeder von uns seine natürliche Verantwortung für unsere Beziehungen übernimmt, fühlen wir uns weniger gezwungen, bestimmte Rollen zu spielen. Das bedeutet nicht, dass die Verantwortung sich auf 50/50 reduziert: Verhalten Sie sich, als handele es sich um 100/100.

Wenn wir uns an Erwartungen anpassen und uns nicht mehr authentisch verhalten, stiften wir Verwirrung und sind schwer zu verstehen. Gibt es ein Missverhältnis zwischen dem, was wir anderen Menschen zeigen, und der tatsächlichen Erfahrung hinter der Maske, ist es für andere schwierig, die Signale zu interpretieren, die wir aussenden. Wenn Sie enttäuscht sind, werden Sie selten ernsthaft glücklich erscheinen. Der Körper lügt nie. Zu unseren Äußerungen zählen nicht nur die Worte, sondern auch die Gefühle, die sich dazwischen verbergen. Wenn die Worte und die Gefühle übereinstimmen, ist es leichter, die Botschaft anzunehmen. Ich bin oft erstaunt, dass ich deutlich besser ankomme, je mehr ich bei mir selbst bleibe – selbst wenn meine Meinungen Unbehagen auslösen!

Sie können jedermann lieben – und entscheiden, ob Sie seinem Verhalten nahe sein wollen.

Wenn die Gruppenkultur orientierungslos ist, reicht es häufig aus, das Offensichtliche auszusprechen. Bei einem Skiurlaub geriet ich in den spanischen Pyrenäen vor vielen Jahren einmal in eine ungewöhnlich nette Gruppe. Jeden Abend trafen sich einige Männer mittleren Alters in der

Dorfkneipe, tranken Espresso und Anislikör, rauchten und spielten Mikado. Die Atmosphäre war herrlich spanisch und spontan. Ein weiterer kultureller Unterschied zwischen Spaniern und Schweden machte sich bei den örtlichen Regeln des Spiels bemerkbar: Erst wenn die Stäbchen sich zehn Millimeter oder mehr bewegten, begannen die lautstarken Diskussionen. Doch ich konnte als regeltreuer Skandinavier meinen Mund nicht halten und rief in einer Situation: „Me parece que se movía – Ich glaube, das hat sich bewegt." Völlige Stille. Alle am Tisch tauschten peinlich berührte Blicke aus und sagten: „¡Sí, sí, claro!" Und plötzlich wurde das Spiel nach den allgemein üblichen Regeln fortgesetzt. Diesmal mit noch größerer Intensität. Es geht nicht um Millimetergenauigkeit, doch manchmal verschafft uns die Feststellung dessen, was gerade geschieht, ein gutes Gefühl.

Was Sie von einem Stein oder einer Maschine unterscheidet, ist die Tatsache, dass Sie leben und ein Bewusstsein haben. Außerdem können Sie in Ihrem tiefsten Inneren ein Gefühl der völligen Einheit empfinden. Wenn wir die Existenz dieses äußerst spirituellen Teils unserer Person akzeptieren, nehmen wir einander auf mehr Ebenen wahr als materielle Gegenstände. Wenn wir uns gegenseitig wie verzichtbare Dinge oder Produktionsmittel betrachten, geht etwas im menschlichen Zusammenspiel verloren, da wir nicht mehr auf allen Ebenen kommunizieren können, die uns offen stehen. Ein großer Teil des Austauschs scheint über die Gedanken zu laufen. Das Risiko von Missverständnissen nimmt zu, wenn wir keinen umfassenden Kontakt haben. Für einige von uns mag es widersprüchlich scheinen, dass die Emotionen Klarheit in die Kommunikation bringen können. Ich bin ein technikorientierter Mensch und weiß, wie sich diese Entdeckung anfühlen kann.

Unsere Bedürfnisse lassen Gefühle aufkommen, die wiederum zu Gedanken, Worten und Taten führen. Wenn Ihre Gedanken alles sind, was Ihnen bewusst ist, wird es Ihnen schwer fallen, Ihre zugrunde liegenden Bedürfnisse und Emotionen zu vermitteln. Und infolgedessen werden Sie nicht in der Lage sein, die Bedürfnisse oder Gefühle anderer Menschen zu erkennen. Dann besteht eine ernsthafte Gefahr der Verwirrung und Lähmung. Unsere gemeinsame Zukunft hängt davon ab, dass wir unseren Weg zurück zu unseren grundlegenden Bedürfnissen und Emotionen finden, damit wir zweckdienliche Visionen formulieren und anstreben können.

Mir ist häufig gesagt worden, dass ich niemanden ändern könne außer mich selbst. Diese Aussage fordert mich zum Widerspruch heraus. Meiner Ansicht nach ist es wahrer, dass ich nicht vermeiden kann, andere zu ändern; wie beeinflusse ich also andere Menschen, und wo in meinem Inneren entspringt der Impuls dazu?

> *Es ist nicht möglich, dass unser rationaler Teil etwas anderes ist als spirituell; und wenn jemand behauptet, dass wir einfach körperlich sind, würde uns das noch viel mehr vom Wissen um die Dinge ausschließen, denn nichts ist so unvorstellbar wie die Aussage, die Materie kenne sich selbst. Es ist unmöglich, sich vorzustellen, wie sie sich selbst kennen soll.*
>
> **Blaise Pascal**

Auf einer tieferen Ebene und in unserem sexuellen Zusammenspiel ist uneingeschränkte Authentizität noch dringender erforderlich, wenn wir Verbindung zueinander aufnehmen wollen. Die Interaktion zwischen Frau und Mann leidet meiner Ansicht nach größtenteils unter einer Art männlichem Autismus. In meinem sozialen Umfeld gehen 85 Prozent der Scheidungen von Frauen aus. Ich habe einen wichtigen Grund dafür erkannt: Die Männer können ihre eigenen Emotionen nicht spüren und nehmen deshalb auch die Gefühle der Frauen nicht wahr.

> **Das Leben ist eine Gemeinschaft der Menschen. Nicht eine Sammlung von Gegenständen.**
> THOMAS BERRY

Wenn ich es richtig verstehe, wollen Frauen, dass Männer mehr fühlen – nicht in dem Sinne, dass sie femininer sein sollen, sondern insofern, als sie Zugang zu ihren eigenen Emotionen finden sollen. Dadurch werden sie attraktiver.

Im Vorfeld von stressigen Situationen mit anderen Menschen können Sie sich selbst „programmieren", beispielsweise, wenn Sie etwas präsentieren müssen. Indem Sie sich selbst mit positiver Energie vollpumpen und Energie in den Raum aussenden, bereiten Sie den Weg für eine effektive Kommunikation. Sie können die Energie wählen, die erfolgreiche Interaktionen möglich macht.

Ein weiterer Trick besteht darin, sich einen verbindenden Fixpunkt über Ihnen und der anderen Person vorzustellen. Wenn Ihr Gegenüber Ihre Geduld auf die Probe stellt, malen Sie sich aus, dass der Fixpunkt das Gesprächsklima gesund hält.

Außerdem können Sie auch das Treffen selbst als dritte Person betrachten. Indem Sie diese dritte Person im Geiste fragen, ob sie alles hat, was sie braucht, bekommen Sie ein Gefühl dafür, was Sie in das Zusammenspiel einbringen können, um es möglichst effektiv zu gestalten. Diese Methode wird „Imago" genannt.

In der Psychosynthese gilt die Fähigkeit des Therapeuten, den „therapeutischen Abstand" zu halten, häufig als wichtigster Vermittler für die innere Arbeit und Gesundung des Patienten. Die Methoden sollen in der Zwischenzeit „nur" das Gehirn des Therapeuten und des Patienten beschäftigt halten.

Ich habe bereits mehrere Bungeesprünge machen können. Da ich Techniker bin, konnte man erwarten, dass ich das Bungeeseil und Ausrüstung ohne menschliche Beteiligung bei diesem Vorgang bevorzuge. Doch das Gegenteil ist der Fall: Jedes Mal habe ich mich beim Springen für ein traditionelles Seil und einen Menschen entschieden, der den Bremsmechanismus betätigt. In der Tat fühle ich mich sicherer, wenn ich es mit einer anderen Person zu tun habe und nicht nur mit einem mechanischen Gerät. Dieselbe Erfahrung machte ich beim Tandemfallschirmsprung. Und auch beim Segeln bei sehr hohem Wellengang fühlte ich mich überraschend gelassen, weil die Verbundenheit mit dem Team gut tat. Einige meiner anspruchsvollen Projekterfahrungen habe ich auf ähnliche

Weise bewältigt. Wenn wir auf ein solides Einheitsgefühl bauen, können wir sehr viel mehr erreichen als alleine.

Die folgende Übung stärkt die maskuline Fähigkeit, externen Kräften zu widerstehen. Sie können sie im Kopf durchspielen oder tatsächlich zusammen mit einer anderen Person – idealerweise mit jemandem, der ungefähr genauso stark ist wie sie.

Stellen Sie sich vor, Sie seien eine Balletttänzerin in einem rosafarbenen Tutu und mit Tanzschuhen. Insbesondere, wenn Sie ein Mann sind. Spüren Sie, wie Ihre beständige, innere Flamme alles um Sie herum erleuchtet. Sie vollführen elegante Pirouetten, während Ihre Präsenz Liebe und wunderbare Freude ausstrahlt. Ihr Gegenüber versucht, Sie zu Boden zu ringen, doch Sie sind vollkommen damit beschäftigt, Schönheit zu verbreiten. Spüren Sie, wie Ihre offensichtliche Integrität Ihnen all jene Energie gibt, die Sie brauchen. Sie bemerken noch nicht einmal, dass jemand mit Ihnen kämpft. Erinnern Sie sich in Situationen an dieses Bild, in denen Sie Integrität fühlen wollen.

Destruktives und konstruktives Verhalten

Unsere Angst und Liebe beeinflussen unweigerlich unsere Beziehungen.

John Gottman ist ein amerikanischer Psychologe, den mehr als 3.000 Paare in seinem „Liebeslabor" an der University of Washington aufgesucht haben. Er hat sich Videoaufnahmen mit ihren Alltagsgesprächen angesehen und auf dieser Grundlage eine Methode entwickelt, um vorherzusagen, ob ein Paar 15 Jahre später noch immer verheiratet sein wird. Sowohl Laien als auch professionelle Therapeuten hatten lediglich eine Erfolgsrate von etwas mehr als 50 Prozent, nachdem sie eine Stunde der Aufnahmen gesehen haben. Sie hätten ebenso gut würfeln können. Gottman erreichte eine Trefferquote von 90 Prozent, wenn er sich mit seiner Methode nur 15 Minuten der Videos ansah. Er entdeckte auch, dass es vier spezielle Verhaltensmuster und Einstellungen gibt, die für eine Paarbeziehung schädlich sind – und bei jeder anderen Art von Beziehung verhält es sich genauso. Die letzte Verhaltensweise ist sogar vernichtend. Sie alle haben mit Angst zu tun:

Abwehrhaltung
Leugnen der Realität
Kritik
GERINGSCHÄTZUNG

Die besonderen Verhaltensmuster, die für jede Art von Beziehung förderlich sind:

Aktive Haltung
Akzeptanz der Realität
Anerkennung
RESPEKT

Gemeinsame Entdeckungsreisen
Immer wieder. Es gibt stets tiefere Verbundenheit und neue Wahrheiten zu entdecken.

Ein Journalist einer führenden Finanzzeitung verdammte einst in einer Rede die unehrliche Kultur der Finanzwelt und erklärte, inwiefern der Machthunger sogar wichtiger sei als das Geld oder die Wirtschaftlichkeit. Er war der Meinung, der Sektor sei ebenso wie das Militär auf Abwege geraten, sodass er den eigenen Skandalen gegenüber blind sei – und zwar in einem solchen Maße, dass die Leute offen über ihr Verhalten reden können, ohne die geringste Einsicht in die wahren Folgen.

Meiner Ansicht nach gilt dies für unsere ganze Kultur. Dass wir zurückhalten, was wir wirklich übereinander denken, gehört zu unseren Erwartungen an die Höflichkeit, wenn wir davon ausgehen, dass es einige Meinungen oder Gedanken gibt, denen die Freundschaft nicht standhält. Dann beginnen wir, uns auf Unwahrheiten zu einigen. Ich will damit nicht sagen, dass wir unsensibel miteinander umgehen sollen, doch auch Sie waren sicher schon einmal in Situationen, in denen sie gerne ehrlicher gewesen wären. Vielleicht kennen Sie auch jemanden, der meist in einer Art und Weise ehrlich ist, die in

> **Wenn ich weiß, dass Sie wissen, dass ich weiß, was die Wahrheit ist, und Sie teilen meine Meinung – dann gibt es keinen Zweifel mehr darüber, was wir tun sollten.**

der Tat belebend wirkt. Was sind das für Menschen und was tun sie?

Ihre wichtigsten Verbindungen zu anderen Menschen werden auf die Probe gestellt und auf ihre Stärke und Haltbarkeit hin untersucht. Wahrheiten werden sie nicht zerstören. Wenn Sie nicht darauf vorbereitet sind, Ihre Freundschaften zu prüfen, werden Sie sich bald auf einem Abhang wieder finden, der recht rutschig sein könnte.

Es gibt nur einen Weg, das Gefälle dieses Abhangs zu reduzieren und Ihnen einen festeren Stand zu verschaffen: Machen Sie sich Ihre eigene Wahrheit bewusster und beginnen Sie damit, sie mit anderen zu teilen. Probieren Sie das zunächst im kleinen Maßstab aus. Wenn Ihre aktuellen Beziehungen Ihre Vorstellungen und Meinungen nicht akzeptieren wollen, müssen Sie sich früher oder später ein anderes Umfeld suchen, in dem Sie sowohl Sie selbst sein können als auch Verbundenheit fühlen. Erst dann werden Sie in der Lage sein zu spüren, wie sich die Wirklichkeit entfaltet, Stück für Stück.

Intuition und Zeiteinteilung
Manchmal ist das Unterbewusstsein klüger als das Bewusstsein.

Manche Menschen scheinen immer passiv sein zu wollen. Bei anderen meint man, sie gingen in praktisch jeder Situation in die Offensive. Es gibt jedoch einen Mittelweg, der zu mehr Intuition und einem besseren Gefühl für das führt, was tatsächlich in der Interaktion passiert, da sowohl der Inhalt als auch die Gelegenheit zum Handeln abgewogen werden. Anstelle eines festgelegten Plans reichen häufig eine gute Absicht und Präsenz.

Jahrelang war ich irritiert, wenn Jugendliche in der U-Bahn ihre Füße auf den Sitz gegenüber legten. Da ich nicht wusste, wie ich ein Gespräch anfangen sollte, ohne Streit zu provozieren, musste ich still für mich meinen Frust ertragen. Inzwischen habe ich allerdings einen Weg kennen gelernt, der bei allen Altersgruppen und sogar bei Banden funktioniert. Ich konzentriere mich auf mich selbst und auf ihre Herzen und denke, dass wir alle in Ordnung sind – egal, was wir tun oder nicht tun. Das ist wie ein Gefühl, das über unsere Persönlichkeiten hinausgeht, keine erzwungene Wertung über einen von uns. Ich warte dann auf einen Auslöser, um ein Gespräch zu beginnen, ohne mich darum zu bemühen, wie ich wohl einen effektiven Eröffnungszug machen könnte. Bevor ich mir darüber klar werde, kommt mir immer eine Idee in den Sinn, und los geht's. Bestimmt entwickelt sich ein äußerst positives Gespräch, und ich spüre, wie sich die Stimmung der Gruppe aufhellt. Wenn ich Liebe zeige, trage ich zu Verbundenheit und Wahrheit bei. Wie kann dieser Ansatz effektiv gestaltet werden in unseren Reaktionen auf Verhalten, das für das gute Leben noch deutlich zerstörerischer wirkt?

Ich las einmal in einem Konferenzzentrum auf einem Plakat:

Ich habe mich dafür entschieden, offen zu bleiben – unabhängig davon, worum es geht.

Begrenzte Verantwortung

Sie tragen dafür die Verantwortung, in angemessener Weise Verantwortung zu übernehmen.

Wenn Sie eine solch radikale Herangehensweise wie diese Gedanken über Angst und Liebe akzeptieren, können Sie leicht die Orientierung verlieren. Nahezu jede Situation würde von etwas mehr femininer und maskuliner Aufmerksamkeit profitieren. Plötzlich sind Sie da, ohne einen Moment für sich. Sicher, Ihre Verantwortung mag riesig scheinen, doch sie ist begrenzt. Achten Sie darauf, Ihre eigene Verantwortung zu begrenzen. Rechtzeitig! Viele von uns lassen sich selbst im Stich, indem sie mehr geben, als sie eigentlich können. Sobald wir diese Schwelle überschritten haben, wird unser Geben von einer Form der Angst gelenkt.

Um zu vermeiden, dass Ihre hohen Ziele Sie verrückt machen, muss Ihr Bedürfnis nach Erfolg wirklich gering sein. Wenn Sie denken, dass Sie in der Lage sein müssen, in allem erfolgreich zu sein, übernimmt weniger die Liebe als die Angst das Ruder – dann bringen Sie Ihre Begabung nicht mehr ein. Sie versuchen, in einer Art von der Welt zu nehmen, die auch etwas von Ihnen nimmt.

Ein Gelassenheitsgebet

*Gott, gib mir die Gelassenheit, Dinge hinzunehmen,
die ich nicht ändern kann, den Mut, Dinge zu ändern,
die ich ändern kann, und die Weisheit, das eine vom
anderen zu unterscheiden.*

*Doch lass meine Gelassenheit niemals so vollkommen
sein, dass sie meine Empörung unterdrückt über jene,
die Unrecht haben oder ungerecht sind,
dass die Tränen auf meinen Wangen trocknen
und die Wut in meiner Brust erlischt.*

*Lass mich nicht verzweifeln an der Möglichkeit,
eine Änderung herbeizuführen,
nur weil das Unrecht zu Recht geworden ist
und die Ungerechtigkeit Tradition hat.*

*Und lass mich nie an meinem gesunden Menschen-
verstand zweifeln, nur weil ich in der Minderheit bin.
Jede neue Idee nimmt zunächst im Geist eines Einzelnen
Gestalt an.*

Richten Sie sich nach Ihren Gefühlen

Als Erwachsener haben Sie die Verantwortung, Ihre Leidenschaft zu finden und sich nach ihr zu richten. Wenn Sie wollen. Motivation geht von Emotionen aus!

Wenn Sie Ihr Leben voll ausleben wollen, empfehle ich Ihnen, Ihre Gefühle besser wahrzunehmen. Und dann lassen Sie sich vernünftig von ihnen leiten. Wir schalten häufig unsere Emotionen aus – aus „Vernunftsgründen". Andere verlieren sich möglicherweise in einem Strudel von Gefühlen, die nichts mehr mit ihren wirklichen Bedürfnissen zu tun haben. Auch sie müssen wieder Kontakt zu ihrem Innersten herstellen. Die Welt braucht Ihren einzigartigen Beitrag, eben weil Sie Sie sind. So werden Sie glücklich und tragen dazu bei, die Welt zufriedener zu machen. Wenn Sie sich einmal das Gegenteil vorstellen, erkennen Sie vielleicht, dass Sie nur durch Ihr eigenes Glück zu einer guten Gesellschaft beitragen können.

Ich warte häufig darauf, dass die Welt mir vernünftige Anführer schenkt, denen ich folgen kann, mutige Menschen mit dem Willen, der Kompetenz und Kraft, die Herausforderungen anzunehmen, mit denen wir alle konfrontiert werden. Leider kann ich auf den oberen Stufen der Gesellschaft nicht viele inspirierende Führungspersönlichkeiten sehen. Unsere Anführer spiegeln wider, wie wir als Bürger sind. Möglicherweise haben wir von uns nicht gefordert, dass wir uns an dem beteiligen, was getan werden muss, und sind deshalb als Führungspersönlichkeiten nicht erreichbar. Jede Situation geht aus uns selbst hervor. Ich denke, wir sind zu rational, um etwas Neues zu verlangen. Die meisten von uns haben den Wohlstand nicht genutzt, um für mehr Freiheit zu sorgen, sondern um sich an eine Marktstruktur zu binden, die dazu neigt, alles zu objektivieren, was mit ihr in Berührung kommt. Wie können wir die Energie aufbringen, um uns selbst bei den großen Fragen zu engagieren, wenn schon unsere Politiker nicht zu wissen scheinen, wie sie damit umgehen sollen?

Auch ich weiß nicht für jedes Problem eine Lösung. Doch ich vertraue fest auf unsere Fähigkeit als Menschen, es zu schaffen. Meine eigene Erfahrung, wozu wir in der Lage sind, sagt mir, dass wir Erfolg haben werden. Wenn Sie und ich innehalten, nachdenken und Stellung beziehen, werden andere dasselbe tun. Der Weg nach vorn ist heute kaum zu erkennen, und viele müssen vorab die Gegend erkunden. Wenn sich ihnen mehr Menschen anschließen, wird bald ein Pfad zu sehen sein.

Der Broadway ist ein Beispiel für die Unvorhersagbarkeit der Geschichte. Fast ganz Manhattan wird von einem Netz aus Straßen und Alleen durchzogen. Warum zieht sich der Broadway diagonal über einen Großteil der Insel? Da es bei den amerikanischen Ureinwohnern, die hier ursprünglich lebten, einen Weg gab, der in genau diese Richtung verlief. Zuerst standen hier Zelte, dann kamen Hütten und nach und nach errichteten die holländischen Siedler kleine Häuser am Rande des Wegs, der inzwischen zu einer

Straße ausgebaut worden war. Zu jener Zeit konnte sich niemand vorstellen, was hundert Jahre später hier stehen würde. Und wohin die Entwicklung weitergeht, ist ebenso schwer vorherzusagen.

Die Entscheidungen, die wir heute treffen, haben Auswirkungen, die weit in die Zukunft reichen. Wenn Sie glauben, dass unsere heutigen Strukturen erneuert werden müssen, gehören Sie zu jenen, die gebraucht werden, damit es geschieht. Auf uns wartet die Gesellschaft – sie braucht uns! Die Zeit des Versteckspiels ist vorbei!

Jeder verlorene Augenblick ist für immer vorüber!

Wenn Sie vor Ihrem inneren Auge ein Bild entstehen lassen, eine Vision Ihrer andauernden, bewussten Entwicklung, sollten Sie das richtig und mit Hingabe tun. Viele Jahre lang habe ich mir selbst gesagt: „Nun ist endlich Zeit, all das in Angriff zu nehmen, was schon lange liegen geblieben ist und wartet!" Ich beschloss, zweimal pro Woche fünf Kilometer zu laufen. Mein Ziel war konkret, messbar, realistisch und geplant. Was meinen Sie, was daraus wurde? Richtig. Ich habe mich immer wieder gehen gelassen. Es stellte sich heraus, dass mein Ziel nicht vernünftig war. Kein bisschen spannend, zu kopfgesteuert. Während einer Veranstaltung, bei der es um Bewegung am Arbeitsplatz ging, zeigte mir jemand einen Artikel über einen Mann, der nicht in Form war, sich aber zu seinem 50. Geburtstag selbst einen Marathon in New York schenkte. Sport war für mich schon immer ein schrecklicher Zeitvertreib. Doch plötzlich wurde mir klar, dass ich dasselbe tun könnte. Schnell legte ich einen Termin fest und rechnete von dort aus rückwärts, wann ich welche Etappen schaffen müsste. Ich trainierte und erkundigte mich bei jedem, der gute sportliche Tipps zu haben schien, unterzog mich Gesundheitschecks, und so weiter. Sechs Monate später hatte ich den New Yorker Marathon hinter mir, suchte die Frauen auf, die jene Veranstaltung ein halbes Jahr zuvor organisiert hatten, und schenkte jeder von ihnen eine Rose.

Wenn Sie etwas Neues in Angriff nehmen möchten, sollten Sie nicht zu rational darüber nachdenken! Rational waren Sie bisher immer, und so bekämen Sie nur mehr dessen, was Sie bereits haben. Versuchen Sie wirklich, herauszufinden, was Sie herausfordert und anregt, setzen Sie sich eine Frist und erarbeiten Sie einen Plan, was bis wann gemacht werden muss. Und dann los! Diese Herangehensweise wird „Backcasting" genannt und ist die Methode, mit der ich als Projektmanager große und komplexe Anlageprojekte in der Energiewirtschaft bearbeitet habe. Backcasting befreit die Gefühle und den Geist aus den Zwängen eines aktuellen Dilemmas.

Das, wofür es sich zu sterben lohnt, macht das Leben lebenswert.

Allgemeine Typen und individuelle Wege
Sie haben dieselben Eigenschaften wie andere.
Doch Ihr Weg ist einmalig.

Ein weiteres Thema, dem man ein ganzes Regal voller Bücher widmen könnte, ist der eigene Weg. Entwicklungstheorien haben die Menschen in mehrere verschiedene Persönlichkeitstypen eingeteilt. Selbst wenn uns alle dieselben Grundfunktionen steuern, entsteht durch ihre unterschiedliche relative Verteilung ein breites Spektrum verschiedener Persönlichkeitstypen. Unternehmen verwenden häufig unterschiedliche Modelle bei der Anwerbung neuer Mitarbeiter und klassifizieren in introvertierte und extrovertierte Menschen, in Denker und Gefühlsmenschen, in objektorientierte und beziehungsorientierte Personen.

Jeder von uns hat seinen bevorzugten Weg, um Sinn zu stiften, Probleme zu lösen, Kontakt zu anderen Menschen und sich selbst aufzunehmen, sich zu vergnügen, und so weiter. Vielen Theorien zufolge haben wir angeborene Eigenschaften; und was wir durch Erziehung, Kultur und unser Umfeld lernen, wird noch für lange Zeit viele Fragen aufwerfen. Es ist gut, wenn Sie sich Ihrer Muster bewusst sind, denn das versetzt Sie in die Lage, Zusammenhänge zu wählen, in die Sie von Natur aus hineinpassen, und Potenziale zu erkennen, die eingehender genutzt werden können. Insbesondere kann es Ihnen helfen, den Sinn Ihres Lebens zu sehen oder die Wege wahrzunehmen, die am besten für Sie geeignet sind.

Selbst wenn Sie die Persönlichkeitsbeschreibung finden sollten, die perfekt zu Ihnen passt, besitzen Sie von Natur aus zahllose weitere Merkmale und Eigenschaften, die von einem Persönlichkeitstest nicht aufgespürt oder gemessen werden können.

Alle Persönlichkeitstests verbindet der Wunsch nach mehr Verbundenheit und Wahrheit. Sie haben eine einzigartige Begabung für diese Welt, und Sie schenken diese, wenn Sie Ihren eigenen Weg gehen. Aus diesem Grunde sind Sie wichtig. Die Welt wartet auf Sie!

Seien Sie immer „da"
Wenn Sie jetzt nicht „da" sind, werden Sie es niemals sein.

Der effektivste Weg, an Ihr Ziel zu gelangen, ist der Genuss des Vergnügens, jetzt da zu sein, bevor Sie es erreichen. Wenn Sie in Ihrer Seele ein lebendiges Bild Ihres Zieles haben, werden Sie schon beginnen, sich in der angestrebten Art und Weise zu verhalten, und aufhören, gegen das anzukämpfen, was Sie nicht möchten. Stattdessen werden Sie auf dem Weg sein, um Ihr Ziel zu erreichen. Vielleicht müssen Sie dort, wo Sie gerade stehen, einige Dinge in Ordnung bringen. Doch Sie sollten Ihren Weg zu dem Gefühl, von dem Sie eines Tages erfüllt sein möchten, so schnell wie möglich finden.

Im Schwedischen gibt es einen Ausdruck, der aus Literatur und Film bekannt ist, und auf Deutsch lautet: „Geil, glücklich und dankbar". Der effektivste Weg, diese Zustände zu erreichen, besteht darin, zunächst für das dankbar zu sein, was Sie haben. Auf diese Weise fühlen Sie sich glücklicher – und das erleichtert die Geilheit.

Marktforscher behaupten oft, wenn man einen bestimmten Gegenstand hat, könne man etwas tun, was einem ein bestimmtes Gefühl verschafft. In diesem Fall können Sie genauso vorgehen. Beginnen Sie damit, die Emotion zu fühlen, und nach einer Weile werden Sie nicht mehr so viele Gegenstände brauchen. Möchten Sie frei sein? Dann spüren Sie jetzt Ihre Freiheit! Wollen Sie schön sein? Spüren Sie Ihre Schönheit jetzt!

Insbesondere Männer sind gerne Helden. Doch die Herausforderungen, die es bei schwierigen Aufgaben zu bewältigen gilt, bringen uns oft davon ab, unseren Weg weiter zu verfolgen oder auch nur anzufangen. Aber möglicherweise ist die Herausforderung ja gar nicht so groß, wie wir denken. Nehmen Sie sich einen Augenblick Zeit und notieren Sie die Eigenschaften, die Sie bei einem Helden bewundern. Los – tun Sie es, das ist ja keine große Sache! Wenn Sie ticken wie die meisten Menschen, steht auf Ihrer Liste nun wenig über Leistung oder Erfolg. Wahrscheinlich haben Sie Eigenschaften aufgelistet wie Ausdauer, Ehrlichkeit, Mut, Teamgeist, Selbstlosigkeit, Fürsorge, ... Ein Held ist verpflichtet, das Gute und Richtige zu tun. Die Notwendigkeit des Erfolgs ist eng mit der Angst verbunden. Probieren Sie es aus: hohe Erwartung – wenig Bindung. Und darum geht es auf dem Weg des

Helden. Vergessen Sie außerdem nicht, dass Sie die emotionalen Qualitäten des Helden erreichen können – hier und jetzt! Sie müssen sich nur dafür entscheiden.

> *Wir ziehen nicht an, was wir wollen, wir ziehen Leute an, die wie wir sind.*
> **Wayne Dyer**

Wenn Sie einen Schritt vorwärts machen, erweitert sich auch Ihr Horizont. Machen Sie sich also darauf gefasst, Ihre Ziele gelegentlich neu zu definieren. Die Visionen des Lebens sind nicht dafür da, erreicht zu werden.

Ein neuer Abschnitt

Die Vision

Uneingeschränkte Entwicklung kann nur in eine Richtung gehen: zu mehr Verbundenheit und Wahrheit.

Unser Ursprung und unser innerstes Wesen ist Einheit, und wir sehnen uns danach, dorthin zurückzukehren. Jeder Schritt Richtung Zukunft wird von Angst oder Liebe gesteuert. Was wir auf unserem Weg erleben und erschaffen, wird von den jeweiligen Absichten beeinflusst. Ein liebendes Leben hängt nicht von äußeren Bedingungen ab, um Liebe zu erleben und zu verbreiten. Auch nicht von den Folgen dessen, was wir tun. Bei einem liebenden Leben stehen das Bewusstsein und die Bereitschaft im Vordergrund – hier und jetzt.

Angst ist der beste Begleiter. Sie zeigt uns immer und überall in unserem Leben, was wir brauchen – wenn wir uns bewusst bemühen, auf sie zu hören. Sie sagt uns, dass wir den Mut gehabt haben, bis an die Grenzen unserer Fähigkeit zu gehen, und zeigt uns, was wir für unser weiteres Wachstum benötigen.

Nur Sie selbst können wissen, womit Sie Ihre Zukunft füllen werden.

Entwicklung Schritt für Schritt
*Strukturmodelle stoßen an ihre Grenzen,
und Entwicklungssprünge sind erwünscht.*

Die kollektive Suche nach dem guten Leben schafft Strukturen. Gruppen schließen sich zusammen, um sich einem bestimmten Problem oder einer Lösung zu widmen, und entwickeln gemeinsame Verhaltensmuster. Dieses Verhalten verleiht den Einzelnen eine gewisse Wichtigkeit, wenn sie Verbundenheit und Wahrheit erleben. Verbände, Kulturen und Gesellschaften entstehen und wachsen.

Sowohl Angst als auch Liebe kann zur Bildung von Gruppen führen. Die Herausforderung besteht darin, das Gefühl von Verbundenheit und Wahrheit stetig zu vertiefen und zu erweitern, damit wir gegenseitig unsere Liebe erkennen und diese Liebe uns verbindet.

Die Menschheit hat in sehr kurzer Zeit viele erstaunliche Dinge vollbracht. Doch früher oder später schwindet deren Bedeutung oder wird durch andere Lösungen abgelöst. Sklaverei war für die Sklavenhalter lukrativ. Angeblich hat die Industrialisierung die Sklaverei abgeschafft – ein technologischer Fortschritt, der den Weg für den gesellschaftlichen und humanitären Fortschritt bereitet hat. Wir alle haben von massengefertigten technologischen Innovationen viel profitiert, doch unglücklicherweise müssen wir uns nun mit den Bedrohungen für unsere Existenz auseinandersetzen, welche die Industrialisierung mit sich gebracht hat.

Parallelen zur Industrialisierung gibt es in den Bereichen Kommunikation, Medizin, Wirtschaft, Religion und eigentlich auch in jedem anderen Wissensgebiet. Die Folgen fordern Reformen der Systeme – so entwickeln sich die Dinge weiter. Die Frage ist, ob wir das rechtzeitig begreifen und uns von den Systemen trennen, die uns nichts nutzen, damit wir am Ende nicht zu Dienern der Systeme werden.

Beschleunigte Entwicklung
Das Zusammenspiel des Wissens beschleunigt die Entwicklung.

Viele Trends der Gesellschaft wachsen exponentiell, und früher oder später entwickelt jede rasante Veränderung ein unaufhaltsames Tempo. Jedes physikalische System, das ein enormes Wachstum erreicht, wird am Ende kollabieren. Unsere Wirtschaft ist ein Beispiel für ein System, von dem ein exponentielles Wachstum erwartet wird. Doch unsere Politiker und Wirtschaftsbosse scheinen aus freien Stücken zu leugnen, dass der Kollaps unvermeidbar ist.

Wenn verschiedene Bereiche Möglichkeiten finden, aufeinander einzuwirken, beschleunigt sich die Entwicklung. Ein offensichtliches Beispiel hierfür ist die Computertechnologie, die zu einer Beschleunigung der Entwicklung fast jedes anderen Wissensgebiets geführt hat. Häufig wird behauptet, die Modernisierung bringe Effizienz mit sich, weshalb wir dem Fortschritt nicht im

Wege stehen sollten. Es deutet jedoch nichts darauf hin, dass die umfassende Ausbeutung der Rohstoffe unserer Erde nachlässt. Aus diesem Grund habe ich eine erfolgreiche Karriere im Bereich der Umwelttechnologie aufgegeben. Ich wollte die Veränderung besser verstehen, welche meiner Ansicht nach erforderlich und uneingeschränkt realisierbar ist.

Es gibt Grund zu der Annahme, dass wir vor einem Systemwandel stehen. Und deswegen müssen wir uns besser vorbereiten, indem wir einen neuen Standpunkt einnehmen. Da schwer vorhersagbar ist, welche Situationen eintreten werden, müssen wir aufgeschlossen sein, um die Realität so zu sehen, wie sie ist und sich entwickelt. Ein Teil dieser Realität ist die Tatsache, dass ihr innerstes Wesen vollkommene Einheit ist.

Globale Verbindungen

Die Transparenz nimmt zu, und damit auch die Verantwortung. Wir brauchen Vertrauen.

Ein Großteil dessen, was heute geschieht, besteht schon seit Anbeginn der Geschichte. Der Unterschied zwischen damals und heute besteht darin, dass unsere verschiedenen Kulturen nicht mehr isoliert voneinander leben. Außerdem sind einige unserer Technologien so mächtig, dass sie deutlich größerer Probleme verursachen können, als sie einst gelöst haben.

Bedrohungen entstehen, wenn wir gegeneinander kämpfen, den Vorrat an Rohstoffen verbrauchen und die Fähigkeit der Erde zur Regeneration und Erneuerung ihrer Rohstoffe überstrapazieren. Da alle drei Bedrohungen zunehmen, müssen wir die bestmöglichen Kenntnisse verfügbar machen – und zwar jetzt! Für uns und für einander.

Wir brauchen globale Lösungen. Und dennoch ist es unerlässlich, dass die einzelnen Menschen und Nationen ihre Eigenheiten beibehalten. Wenn wir bei diesem riesigen Vorhaben Erfolg haben wollen, müssen wir Vertrauen aufbauen und pflegen. Dazu müssen wir wachsam und aufgeschlossen sein mit unseren subjektiven und objektiven „Wahrheiten", denn nur dann werden wir die Chance haben, gemeinsame Lösungen zu finden.

Die Globalisierung konfrontiert uns mit zahlreichen Herausforderungen und öffnet die Schleusen zu einem Reservoir an Wissen, das für die ganze Bevölkerung ausreicht. Was sollten die besten Eigenschaften aller Kulturen der Welt nicht erreichen können?

> *Die Erde liefert genug, um den Bedarf jedes Menschen zu stillen, aber nicht die Gier jedes Menschen.*
> **MAHATMA GANDHI**

> *Werde nicht wütend, sondern neugierig.*
> **KEN WILBER**

> *Und dann ernsthaft.*
> **KERSTIN ÅBERG**

Das Individuum und das Kollektiv
Nur die subjektiven Entscheidungen Einzelner können Handlungen des Kollektivs gestalten.

Was wir um uns herum sehen, ist die Spiegelung dessen, was wir in uns tragen. Der einzige Weg, eine Veränderung der Außenwelt zu erreichen, ist die Veränderung im Inneren. Wenn wir ein friedliches Miteinander anstreben, müssen wir zunächst für Frieden in uns selbst und in unseren engen Beziehungen sorgen. Hier und jetzt.

Das Individuum und das Kollektiv interagieren. Wir sind keine Roboter, sondern Menschen, die von Kooperation und Anerkennung abhängig sind. Denken Sie daran: Rationales Denken ist nur ein Mittel, um den gewünschten emotionalen Status zu erreichen. Nur Ihr individuelles Innerstes kann sich im Kollektiv zeigen; Ihre Fähigkeit, Liebe zu spüren – oder eben nicht.

> *Liebe ist die Lektion, die wir hier lernen müssen, von der Geburt bis zum Tod. Am Ende ist alles Liebe – oder eben nicht. Wir werden entweder erleichtert in dem Wissen um die Liebe sterben oder bedauern, dass wir nicht genug geliebt haben.*
> DAVID DEIDA

Das Absolute und das Objektive
Lange Zeit wurde die Entwicklung von absolutem Objektivismus gestaltet.

Wissenschaft und die sogenannte Moderne haben unsere Kultur die letzten Jahrhunderte über beeinflusst. Objektive Wahrheit bildete sich aus den allgemeinen Gedanken. Durch die Konzentration auf das Praktisch-Funktionale, haben wir wahre Wunder vollbracht. Gleichzeitig hat das Interesse an spirituellen Werten in vielen Kulturen nachgelassen. Das liegt zum Teil daran, dass die Vertreter der verschiedenen Religionen selbst nicht praktizierten, was sie predigten, und dadurch den Glauben der Menschen stärkten, die absolute Objektivität und die Kräfte des Marktes seien in der Lage, Wohlstand zu schaffen.

Früher oder später werden die meisten alten wissenschaftlichen Entdeckungen aufgrund neuer Erkenntnisse aufgegeben oder verändert. Heute gibt es eingehende Forschung in Bereichen, die bis vor Kurzem noch tabu waren. Alte Weisheiten, die einst mit der „objektiven" Wissenschaft unvereinbar waren, werden wieder berücksichtigt. Außerdem entstehen immer wieder neue interdisziplinäre Kombinationen. Viel Spannendes passiert im Bereich der Physik, der Chemie, der Biologie, der Medizin, der Psychologie und der Philosophie. Was die Quantenphysik vor rund hundert Jahren zu erkennen begann, erhält nun praktischere Interpretationen. Über welche der unumstößlichen Sicherheiten von heute werden zukünftige Generationen wohl lachen?

Das Relative und das Objektive

Der relative Objektivismus ist eine neue Gegenreaktion auf den absoluten Objektivismus.

Der relative Objektivismus oder der sogenannte Postmodernismus hatten in den vergangenen 30 Jahren einen enormen Einfluss auf die westliche Gesellschaft. Als die Defizite des Modernismus immer offensichtlicher wurden, mussten wir neue Ansätze für unser Leben finden. Der absolute Modernismus war nicht in der Lage, all unsere Erwartungen an ein gutes Leben zu erfüllen, und neue Ungerechtigkeiten waren entstanden. Deshalb hat der postmoderne Relativismus neue Wege nach vorne gesucht; sein Gesellschaftsbild basierte eher auf der relativen Wahrheit, wobei jede Behauptung ausschließlich aus der Perspektive des Betrachters wahr ist. Nicht einmal absolute Aussagen des wissenschaftlichen Modernismus sind dagegen völlig immun gewesen.

Die Werte des Postmodernismus wurden durch das allgemeine Interesse an der spirituellen Dimension weiter untergraben. Trotzdem zeigen Studien in der Regel, dass die Menschen in der westlichen Welt nach wie vor in einem hohen Maße an die spirituellen Werte glauben. Sie ziehen es jedoch vor, darüber nicht offen zu sprechen. Die Zurückhaltung der kulturellen Eliten, die spirituellen Werte anzuerkennen, hat diesen Trend zweifellos verstärkt.

Das Subjektive und das Objektive
Das Bewusstsein erfordert die Integration des Subjektiven und des Objektiven.

Alles, was wir tun, wird durch Subjektivität ausgelöst, nicht durch Objektivität. Infolgedessen müssen wir mehr über unsere Gefühle und die zugrunde liegenden Bedürfnisse wissen. Die Wissenschaft braucht neue Methoden, um die wichtigen Verbindungen zu beschreiben. Die Humanwissenschaften können in der Tat mit objektiven Methoden studiert werden. Es werden ständig großartige Entdeckungen über unser innerstes Wesen gemacht. Das Subjektive und das Objektive müssen vor demselben Hintergrund beschrieben werden – und dass dies möglich ist, hat sich in der Philosophie gezeigt.

Nicht nur die Antworten sind wichtig. Unser Mut, eine klare Haltung zu den großen Fragen einzunehmen, bringt unsere zutiefst menschliche Natur zum Vorschein. Die Fähigkeit, über das Leben zu staunen. Eine Pause einzulegen bei den menschlichen Begegnungen und fasziniert zu sein über die Tatsache, dass unsere Augen einander treffen können. Das kann uns durch Herausforderungen helfen.

Der Traum vom „rationalen Paradies" ist eine Illusion. Das Paradies ist per definitionem emotional. Wenn wir im Begriff sind, das gute Leben zu erreichen, können wir den objektbezogenen Ansatz nicht beibehalten, sondern müssen auf der Grundlage unserer fundamentalen individuellen und kollektiven Beweggründe denken und handeln.

Entweder streben wir nach Trennung oder nach Verbundenheit. Unwahrheit oder Wahrheit. Beides ist immer präsent. Wir müssen uns nur darüber im Klaren sein, was uns wirklich lenkt.

Die Vermeidung des Wortes „Liebe" – wenn irgend möglich – ist charakteristisch für den Modernismus und für den Postmodernismus. Sollte jetzt die Zeit sein für eine neue Phase der Entwicklung?

Die Weltanschauungen, die durch den Mystizismus, einfache Folkloretraditionen und die Quantenphysik beschrieben werden, haben einen gemeinsamen Nenner: Alles und jeder ist zu einer einzigen Einheit verwoben. Das Subjektive und das Objektive können nicht voneinander getrennt werden; und wer diese Trennung anstrebt, wird den richtigen Weg im Leben nicht finden.

Zu Verbundenheit und Wahrheit?
Ihre Intention ist alles, was erforderlich ist.
Ihre Erfahrung hängt von Ihrer Intention ab.

Es ist unwahrscheinlich, dass der aktuelle kollektive Pfad zum guten Leben führt. Wir müssen uns eine neue Logik aneignen. Doch der geplante Fortschritt als Hochrechnung der gegenwärtigen Situation hat in der Geschichte zur Beibehaltung der existenten Kultur geführt und keine Veränderung bewirkt. Stattdessen müssen wir den Werten vertrauen, die zu einer neuen Logik führen, zu Handlungen, die von Herzen kommen. Obwohl das Ergebnis heute noch unvorstellbar sein mag, bin ich dennoch der Ansicht, dass wir viele der erforderlichen Komponenten einer guten Gesellschaft beschreiben können. Dann sind wir in der Lage, ein „Backcasting" vorzunehmen und den Weg zu erarbeiten, den wir gehen können, um es zu erreichen. Dieser Prozess sollte möglichst mit den betroffenen Menschen zusammen verfolgt werden. Wir können nur hoffen, dass die Welt entsprechend antworten wird. Und falls sie es tut, können wir den nächsten Schritt gehen. Wenn sie es nicht tut, werden wir mehr darüber wissen, wie unsere nächste Anstrengung auszusehen hat.

Man kann sich wundern über die Fähigkeit unserer derzeitigen Führungspersönlichkeiten, abgewandelte Führungsprinzipien anzunehmen. Werden sie jemals motiviert und ausreichend kreativ sein, die Bedürfnisse und die Möglichkeiten zu erkennen? Ihre angesammelte Erfahrung ist natürlich nach wie vor eine Bereicherung, verhindert eventuell aber auch eine klare und unvoreingenommene Vision. Möglicherweise ist ein Drängen der nachfolgenden Führungsgeneration eine Voraussetzung für einen Wandel.

Unser Leben hat kein vorbestimmtes Ziel. Die Reise an sich ist jedoch die Mühe wert. Es wird immer schwieriger, uns in unserer kleinen Ecke zu verstecken. Was gibt Ihnen Sinnhaftigkeit? Erinnern Sie sich an die Reise des Helden: Dabei geht es nicht um den Erfolg, sondern darum, sich für die wichtigsten Werte einzusetzen. Und die Belohnung dafür folgt auf dem Fuße!

Haben wir nun den Mut, uns um einen Plan zu scharen, der all unsere Vorstellungen von subjektiven und objektiven Wahrheiten aufgreift? Werden wir dann mutig genug sein, uns von dem Kompass lenken zu lassen, der schon immer existiert hat und den wir alle in uns haben?

Ihre Erfahrung hängt von Ihrer Absicht ab. Angst oder Liebe? Sie haben die Wahl!

Einige Schlüsselbegriffe

Diese Definitionen sollten nicht als absolute Wahrheiten behandelt werden. Sie geben die Richtung an, in der verschiedene Begriffe in diesem Buch interpretiert worden sind.

Liebe ist die allgemeine Sehnsucht, zur universellen Einheit zurückzukehren, von der wir kommen. Sie zeigt uns den Weg zu mehr Verbundenheit und Wahrheit. Liebe kann auch als Intelligenz, Ordnung, Bewusstsein oder Gott erfahren werden. Liebe ist allgegenwärtig und immerwährend.

Angst beginnt, wenn wir etwas verlieren, was wir haben, oder annehmen, dass wir nicht bekommen werden, was wir wollen, und diese Erfahrung ablehnen. Angst manifestiert sich in Trennung und Unwahrheit. Nur Lebewesen mit einem Bewusstsein können Angst empfinden.

Leiden = Schmerz + Widerstand. Wer sich nicht wehrt, wird nicht leiden.

Verbundenheit ist die Erfahrung der Gemeinsamkeit mit anderen Wesen (die ein Bewusstsein haben und fühlen).

Wahrheit ist die Erfahrung, dass eine Beschreibung (an sich ein Gegenstand) mit dem Beschriebenen übereinstimmt.

Ein **Subjekt** ist ein fühlendes und in mancherlei Hinsicht bewusstes Lebewesen.

Ein **Objekt** ist ein Gegenstand oder Begriff ohne Bewusstsein.

Mut ist das, was wir fühlen, wenn die Liebe größer ist als die Angst. Wir tun, was wir für gut, richtig und förderlich halten. Wo es keine wirkliche, bewusste Angst gibt, ist auch kein echter Mut, sondern nur Nicht-Angst.

Verletzbarkeit ist eine besondere Art des Muts in Verbindung mit der Tatsache, dass man in gewisser Hinsicht ungeschützt ist und sich nicht dagegen wehrt. Wir können sie als Zeichen dafür sehen, dass wir trotz unserer Ängste einen Punkt erreicht haben, an dem die Liebe zu uns kommen kann. In diesem Zustand haben wir wahrscheinlich das größte Potenzial, als Menschen zu wachsen. Mutter Teresa sagte einst: „Liebe, bis es weh tut!"

Leidenschaft ist, was wir fühlen, wenn die Liebe deutlich größer ist als die Angst.

Feigheit gilt manchmal als Gegenteil von Mut. Angst ist größer als Liebe. In mancher Hinsicht verraten wir die Person, die wir sein sollen. Wir zögern die richtige Handlung hinaus, was auch als Sünde bezeichnet werden kann.

Die **Loslösung** ist unser am weitesten verbreiteter Zustand, wenn wir uns nicht bewusst sind, was wir eigentlich fühlen. Aus Gründen der Bequemlichkeit oder um zu überleben vermeiden wir es, wirklich zu überprüfen, wie wir auf das reagieren, was wir sehen und hören.

Unter dem **femininen allgemeinen Prinzip** versteht man den Drang, die Teile zu einem Ganzen zusammenzufassen und alles so anzunehmen, wie es ist. (Jede Frau und jeder Mann wählt eine eigene Mischung aus dem femininen und maskulinen Prinzip.) Das Symbol hierfür ist die Schale.

Unter dem **maskulinen allgemeinen Prinzip** versteht man den Drang, das Ganze aufzuteilen, seine Teile zu analysieren und den zweckdienlichen Teil auszuwählen. (Jede Frau und jeder Mann wählt eine eigene Mischung aus dem femininen und maskulinen Prinzip.) Das Symbol hierfür ist das Schwert.

Das **Selbstwertgefühl** ist mit dem Sein verbunden, wie wir unseren eigenen Wert als Menschen wahrnehmen. Unser Selbstwertgefühl wird nicht von unseren guten oder schlechten Taten beeinflusst. Doch unsere eigene Einschätzung unseres Selbstwertgefühls kann sinken oder steigen.

Ein niedriges Selbstwertgefühl macht uns verletzbar. Ein Mensch mit hohem Selbstwertgefühl lässt nicht zu, dass die Meinungen und Handlungen anderer Menschen seine Wahrnehmung seines eigenen, inneren Wertes beeinflussen. Da der Eigenwert des Menschen absolut ist und das Urteilsvermögen übersteigt, ist das Selbstwertgefühl eine spirituelle Erfahrung.

Das **Selbstbewusstsein** ist mit dem Handeln verbunden, mit dem, was wir mit unserem Körper und unserem Wesen zu leisten imstande zu sein glauben. Es ist weit verbreitet, dass die Menschen versuchen, ein niedriges Selbstwertgefühl durch ein großes Selbstbewusstsein zu kompensieren.

Schuld ist das Gefühl, etwas falsch gemacht zu haben. Schuld beeinträchtigt unser Selbstbewusstsein. Ein Teil des Schadens, den wir angerichtet haben, kann oft wieder gutgemacht werden. Für den Rest des Leidens müssen wir uns selbst vergeben und darauf vertrauen, dass andere dasselbe tun. Kinder beginnen in der Regel im Alter von drei oder vier Jahren, Schuld zu fühlen.

Scham ist das Gefühl, die Gesellschaft anderer Menschen nicht wert zu sein. Wir können auch Scham vor uns selbst empfinden. Scham untergräbt das Selbstwertgefühl, und wir sind als Einzige in der Lage, die Wahrnehmung des Eigenwerts unserer Seele wiederherzustellen. Das Schamgefühl ist ein wichtiger Hinweis darauf, ob wir unser Potential ausschöpfen oder nicht. Kinder können ab dem fünften Lebensjahr Scham empfinden.

Sünde ist das Verfehlen Ihres Ziels als Mensch und der mangelnde Versuch, die Person zu werden, die Sie sein sollen.

Die **Absicht** ist der Zweck einer Handlung. Die Zielsetzung einer Tat bestimmt eher als das Ergebnis, ob sie von Angst oder Liebe, dem Unbewussten oder dem Bewusstsein gesteuert ist.

Unter **Integrität** versteht man den Mut, der zu sein, der man wirklich ist, sich authentisch zu verhalten. Ein authentisches Ich und ein authentisches Du sind nötig, wenn wir uns treffen und aufeinander einwirken. Wenn wir Angst haben, geben wir uns manchmal selbst auf und versuchen vielleicht, anders zu sein, um akzeptiert zu werden oder zu bekommen, was wir wollen. Fehlende Integrität ist verwirrend – sowohl in Ihrem Inneren als auch für andere.

Intuition ist dasselbe wie Liebe. Sie führt uns zu mehr Verbundenheit und Wahrheit. Wir müssen sie bewusst praktizieren, um beides zu erreichen. Intuition ist mit unserem unbewussten Potenzial und Größe verbunden.

Bei einer **existenziellen Frage** geht es um den ultimativen Sinn des Lebens.

Existenzangst ist die Angst vor der Angst, eine Angst ohne offensichtlichen Grund, ein Gefühl, das zu einer allgemeinen Veranlagung geworden ist.

Säkularisierung ist der Übergang vom Religiösen zum Weltlichen.

Die **Seele** ist der individuelle Teil des universellen Geistes.

Eine **Emotion** weist auf ein körperliches, mentales oder spirituelles Bedürfnis hin. Gefühle können bewusst oder unbewusst sein. Frühe emotionale Erinnerungen, welche die Psyche nicht verarbeiten und einordnen konnte, sind ein Teil unserer Persönlichkeit, die manchmal als „Schatten" bezeichnet wird. Manche Wissenschaftler meinen, dass die Reaktionen unserer Körperzellen größtenteils von Gefühlen gelenkt werden.

Die **Erkenntnis** ist ein mentaler Vorgang, der dazu führen soll, dass wir uns für Handlungen entscheiden, welche die gewünschten Emotionen auslösen.

Das **Bewusstsein** ist weder eine Emotion noch eine Erkenntnis, sondern die Erfahrung, einen Körper, Gefühle, Gedanken und so weiter zu haben. Es ist weder örtlich begrenzt, noch in einem bestimmten Teil des Körpers angesiedelt. Das Bewusstsein ist eines der großen ungelösten Rätsel unseres Lebens.

Spiritualität ist die persönliche Erfahrung des Universellen, dessen, was größer ist als Menschheit. Sie ist häufig leichter wahrzunehmen, wenn man sich entspannt und ihr hingibt.

Zur weiteren Lektüre

Psychologie
Primal Wound. Firman and Gila
The Act of Will. Roberto Assagioli
The Optimistic Child. Martin E. Seligman
What we may be. Piero Ferrucci
Radical Honesty. Brad Blanton.
Appreciative Inquiry: A positive revolution in change. David L. Cooperrider

Philosophie
A Brief History of Everything. Ken Wilber
Integral Ecology. Sean Esbjörn-Hargens

Das Feminine und das Maskuline
The Way of the Superior Man. David Deida
Waiting to Love. David Deida

Spirituelles Wachstum
Integral Spirituality. Ken Wilber
The Path to Love. Depak Chopra
A Course in Miracles. The Foundation for Inner Peace
Not-Two Is Peace. Adi Da
The Gift of Change. Marianne Williamson

„Einladung" von Oriah

Es interessiert mich nicht, womit du deinen Lebensunterhalt verdienst. Ich möchte wissen, wonach du dich sehnst und ob du zu träumen wagst, der Sehnsucht deines Herzens zu begegnen.

Es interessiert mich nicht, wie alt du bist. Ich will wissen, ob du es riskierst, wie ein Narr auszusehen, um deiner Liebe und Träume willen und für das Abenteuer des Lebens.

Es interessiert mich nicht, welche Planeten im Quadrat zu deinem Mond stehen. Ich will wissen, ob du den tiefsten Punkt deines eigenen Leids berührt hast, ob du geöffnet worden bist von all dem Verrat, oder ob du zusammengezogen und verschlossen bist aus Angst vor weiterer Qual.

Ich will wissen, ob du mit dem Schmerz – meinem oder deinem eigenem – dasitzen kannst, ohne zu versuchen, ihn zu verbergen, zu lindern oder zu beseitigen.

Ich will wissen, ob du mit der Freude – meiner oder deiner eigenen – leben kannst, ob du mit Wildheit tanzen und dich von der Ekstase erfüllen lassen kannst, von den Fingerspitzen bis zu den Zehen, ohne uns zur Vorsicht und zur Vernunft zu ermahnen oder die Grenzen des Menschseins zu bedenken.

Es interessiert mich nicht, ob die Geschichte, die du erzählst, wahr ist. Ich will wissen, ob du jemanden enttäuschen kannst, um dir selber treu zu sein. Ob du den Vorwurf des Verrats ertragen kannst und nicht deine eigene Seele verrätst. Ich will wissen, ob du treulos sein kannst und deshalb vertrauenswürdig.

Ich will wissen, ob du die Schönheit sehen kannst, auch wenn es nicht jeden Tag schön ist, und ob du dein Leben aus ihrem Vorhandensein speisen kannst.

Ich will wissen, ob du mit dem Scheitern – meinem und deinem – leben kannst und trotz allem am Ufer des Sees stehen bleibst und dem silbernen Vollmond zurufst: „Ja".

Es interessiert mich nicht zu erfahren, wo du lebst und wie viel Geld du hast. Ich will wissen, ob du aufstehen kannst nach einer Nacht der Trauer und Verzweiflung, erschöpft und bis auf die Knochen zerschlagen, und tust, was getan werden muss, um die Kinder zu ernähren.

Es interessiert mich nicht, wer du bist und wie du hergekommen bist. Ich will wissen, ob du mit mir in der Mitte des Feuers stehen wirst und nicht zurückschreckst.

Es interessiert mich nicht, wo oder was oder mit wem du gelernt hast. Ich will wissen, was dich von innen trägt, wenn sonst alles wegfällt.

Ich will wissen, ob du mit dir allein sein kannst und in Augenblicken der Leere wirklich gern mit dir zusammen bist.

Von Oriah aus dem Buch „Die Einladung", (c) 1999. Englischsprachiges Original erschienen bei HarperONE, San Francisco. Alle Rechte vorbehalten. Abdruck mit Erlaubnis der Autorin. www.oriah.org

Ich danke ...

... **Jenny**, dass sie meine Tochter ist, dass sie mich immer unterstützt hat – vom ersten Vortrag an, und dass sie mir ihr kluges und praktisches Feedback gegeben hat.

... meiner Partnerin **Kerstin**, dass sie mich mit Vertrauen und Liebe ermutigt und mir geholfen hat, meine Gefühle und Gedanken zu sortieren.

... meiner **Mutter**, dass sie mir den Wert des grundsätzlichen Glaubens an das Freundlichsein beigebracht hat.

... meinem **Vater** für seine unstillbare Leidenschaft und Sehnsucht nach der Wahrheit. Du gabst mir den ersten Hinweis auf die Existenz einer vollkommenen Einheit – auch wenn es damals meine Fähigkeit bei weitem überstieg, sie wahrzunehmen.

... **Mats Lindkvist**, dass er mir gesagt hat, ich solle anderen von meinen Ideen erzählen.

... **Peter Nicolaisen**, dass er mir den Schlüssel dafür lieferte, all meine Gefühle und Gedanken zu verstehen, um schließlich dieses Buch schreiben zu können.

... **Kerstin Trolin** für ihr Stilgefühl und ihre kreativen Illustrationen.

... **Rabia Lundberg**, dass sie mir geholfen hat, meinen Worten Schwung und Eleganz zu verleihen.

... **Gunnar Norberg** dafür, dass er vor langer Zeit meine Technikeraugen geöffnet hat und mich hat aktiv werden lassen.

... **all meinen Lehrern**, zum Beispiel bei Insight, Ängsbacka, IFL Executive Education an der Stockholmer Wirtschaftsschule, PsykosyntesAkademin und an der Fielding University.